南京古生物博物馆

冯伟民·著

符号江苏·口袋本

NANJING GUSHENGWU
BOWUGUAN

江苏凤凰美术出版社

**图书在版编目（CIP）数据**

南京古生物博物馆 / 冯伟民著. -- 南京 : 江苏凤
凰美术出版社, 2024. 8. -- (符号江苏 : 口袋本).
ISBN 978-7-5741-2265-9

Ⅰ. G269.275.31

中国国家版本馆CIP数据核字第2024BK4150号

| | | |
|---|---|---|
| 责任编辑 | 舒金佳 |
| 设计指导 | 曲闵民 |
| 责任校对 | 施　铮 |
| 责任监印 | 张宇华 |
| 责任设计编辑 | 赵　秘 |

| | |
|---|---|
| 书　　名 | 南京古生物博物馆 |
| 著　　者 | 冯伟民 |
| 出版发行 | 江苏凤凰美术出版社（南京市湖南路1号　邮编：210009） |
| 制　　版 | 南京新华丰制版有限公司 |
| 印　　刷 | 南京新世纪联盟印务有限公司 |
| 开　　本 | 787 mm×1092 mm　1/32 |
| 印　　张 | 5.75 |
| 版　　次 | 2024年8月第1版 |
| 印　　次 | 2024年8月第1次印刷 |
| 标准书号 | ISBN 978-7-5741-2265-9 |
| 定　　价 | 45.00元 |

营销部电话　025-68155675　营销部地址　南京市湖南路1号
江苏凤凰美术出版社图书凡印装错误可向承印厂调换

# 目　录

# 引　言

　　在南京闹市区一处紧挨鸡鸣寺的地方，坐落着一个古生物所大院，院内古树参天，花草丛生，鸟语虫鸣。院内道路曲径，缓坡而上，途经两个种植着古树和鲜花的大圆花盘。整个院落显得古朴、优雅且宁静。

　　大院背靠鸡笼山，沿坡而上是不同时期建设的科研办公楼、行政楼、图书馆和实验大楼等。坡道两侧整齐竖立着一块块化石，草坪中也放置着一些大型化石，矗立着大型恐龙雕塑。这些触手可及的化石，似乎在静静地诉说着我们地球上曾经存在过的动植物。

　　20世纪30年代，由李四光选址、杨廷宝设计和监理的地质研究所办公楼，在南京鸡鸣寺路建成。这些经典的大屋檐式建筑，极具民国时期风格，矗立在院内各个角落。当时大院是国立中央研究院，汇聚了一批最优秀的科学大师。他们开创了中国近代地质古生物事业。显然，古生物所大院是一个有着深厚科学历史底蕴的院落。

　　20年前，一座不同于周围建筑风格、形似恐龙昂首的博物馆，颇为醒目地出现在一片传统建筑群中。这座"南

古生物所大道

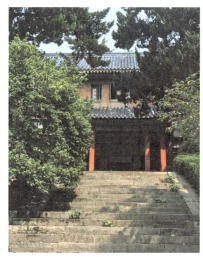

古生物所大楼

古生物所实验大楼

京古生物博物馆"收藏了几代古生物学家采集的化石，展现了生命进化的完整历史，用化石叙述了地球和生命的故事。如今它已成为人们渴望获得古生物知识和生命进化思想的打卡之地、学习科学家精神的殿堂。

第一章

历史底蕴

## 第一节　摇篮之地

古生物化石是曾在地球上生存过的生物死亡后留下来的遗体和遗迹，包括实体化石、遗迹化石和模铸化石等。人类对化石的好奇和探究由来已久，对地球演变和生命进化的古朴认知就来自对化石的采集和探究。

### 一、化石探究史

早在数千年前，人们就关注到山间田野露出的化石。有关化石的记载可以追溯到公元前 6 世纪。古希腊人在陆地内部高山上发现了海生贝壳，证明陆地曾被海水淹没过。中国早在公元前 4、5 世纪的春秋战国时代，就在《山海经》中留下了关于"龙骨"和鱼等脊椎动物化石的记述。战国时代韩国学者韩非子在其所著的《韩非子》中说："人稀见生象也，而得死象之骨，案其图以想其生也。"意思是说：在华北地区，人们发掘出已经灭绝的古象，可以想象遥远的过去曾有大象在这里栖息过。

西汉时期，历史学家司马迁（前145—前86）的经典巨著《史记》中有一篇《河渠书》，记载了汉武帝为了灌溉农田而在陕西大荔县西北开凿河渠，以改良1亿多平方米的盐碱地，施工中"穿凿得龙骨"，所以就把该渠命名为"龙首渠"。

晋朝名画家顾恺之所作的《启蒙记》中说："零陵郡有石燕，得风雨则飞如真燕。"这也许是历史上关于腕足动物"石燕"化石的最早记载了。

石燕化石

　　唐朝颜真卿在《麻姑仙坛记》中说，"高山中犹有螺蚌壳，或以为桑田所变"，对化石的本质有正确的理解。

　　宋朝大科学家沈括在黄河渡口河岸考察时，从崩塌的几十尺深的基岩地层里发现了几百根茎干相连的"竹笋"，断定这些"竹笋"是植物变成的化石。现据古植物学家研究，这些"竹笋"可能是中生代早期地层中的蕨类植物，这类植物外表分节，样子看上去很像竹子。

　　南宋杜绾在《云林石谱》中对湖南湘乡石鱼山及陇西龙川鱼化石做了很好的解释："岂非古之陂泽，鱼生其中，因山颓塞，岁久土凝为石，而致然欤？"朱熹在《朱子语类》中说："尝见高山有螺蚌壳，或生石中，此石即旧日之土，螺蚌即水中之物，下者却变而为高，柔者却变而为刚。"正确地理解了化石成因与海陆变迁。

　　明朝朱国祯的《皇明大政记》中谈到明世宗嘉靖十五年（1536），皇宫内收藏的佛牙和佛骨有千百余件，比700多年前唐宪宗时代的"宫廷脊椎动物化石博物馆"规模大多了。明朝著名旅行家、地理学家徐霞客在其名著《徐霞客游记》卷下《滇游日记（二）》中就有关于木化石的记载。

　　清朝乾隆八年（1743）问世的《大清一统志》引证了《水经注》对鱼化石的记述，记载了辽宁省朝阳县和凌源县的鱼化石，这正是今天辽西盛产的"热河生物群"中狼鲟鱼等鱼化石的圣地。

二、西学东渐的影响

18世纪后半叶，英国首先发生的工业革命推动了欧洲各国的工业化发展，极大地刺激了作为工业原料和能源的各种矿产的开发，由此也促进了地质科学的发展。古生物学作为地质科学与生物科学边缘的交叉学科，在此时社会大发展环境中，被催生并迅速形成了完整的体系。

英国地质学家史密斯，在长期测地工作中大量接触到各种地层和化石，总结出了"地层层序律"和"化石层序律"，绘制了大量地质图和地层剖面图，出版了经典巨著《由生物化石鉴定的地层》和《生物化石的地层系统》，被赞誉为"英国地质学之父"和"世界生物地层学的奠基人"。法国著名动物学家居维叶出版了《骨骼化石研究》巨著，提出了"器官相关定律"，运用比较解剖的方法研究古脊椎动物化石，首先提出了动物分类系统。他发表的《地球表面的革命》，提出了"灾变论"。法国博物学家、生物学主要奠基人之一的拉马克，出版了经典巨著《法国植物区系》《无脊椎动物志》和《动物学哲学》。他们三位奠定了古生物学的基础。

三位科学家的杰出贡献使人们深刻认识到了古生物化石在划分对比地层、恢复地区地质发展历史等方面的理论意义，以及在勘探矿物资源、振兴矿业、为工业发展提供充分原料和能源上的实用意义，所以"古生物学"就作为一门独立的学科蓬勃发展起来了。从 18 世纪末到 19 世纪，近代古生物学各分支学科获得了很大的发展。古无脊椎动物学研究拓展为原生动物、海绵动物、腔肠动物、棘皮动物、蠕虫动物、苔藓动物、腕足动物、帚虫动物、节肢动物和软体动物，古脊椎动物包括鱼类、两栖类、爬行类、鸟类、哺乳类等化石的研究。古人类学中主要是人类化石和石器工具的研究。古植物学在法国、瑞士、捷克、英国、瑞典、俄罗斯等国有较大发展。

伴随着科学的发展，古代自然哲学中已萌发的进化思想得到迅速发展。19 世纪中期达尔文发表的科学巨著《物种起源》完成了重大的科学思想革命，为人类社会的自然认知做出了影响深远的贡献。

19 世纪，中国兴起了西学东渐的浪潮，包括地质学和古生物学在内的西方近代自然科学传入中国。严复编译的《天演论》、马君武翻译的达尔文原著《物种起源》等都是影响深远的重要成果，地质古生物学高等教育列入京师同文馆、福建船政学堂、南京江南陆师学堂附设的矿务铁路学堂（矿路学堂）以及京师大学堂，一批留学人员特别是章鸿钊、丁文江、翁文灏、李四光等人成为中国近代地质古生物学的创始人和奠基人。

### 三、民国时代兴起

中国近代古生物学事业始于辛亥革命后的民国时期，民国政府成立了中国地质调查所、原中央研究院地质研究所等地质古生物学机构，兴办了北京大学地质系等地质古生物高等教育机构。通过派遣留学生和引进国外知名学者来华讲学，培养出中国第一代地质古生物学家。在国家积贫积弱、内忧外患的环境下，中国地质古生物学者以坚忍不拔的精神艰苦创业，掀开了中国近代自然科学发展史上重要的一页。

1910年中国地学会出版了《地学杂志》，在创刊号上发表了从美国学习地矿归国的邝荣光（1860—1962）编绘的我国第一幅彩色区域地质图——1∶250万《直隶地质图》，地质图按直隶地层层序自下而上分为6层；还发表了"直隶石层古迹"，记述产自河北一带的三叶虫、腕足类、螺及植物化石，是第一份由中国学者采集、鉴定、绘制的古生物图版。

1913年9月，古生物研究所前身之一，原中央地质调查所在北京成立，丁文江任首任所长。1920年，李四光从英国留学回来，担任北京大学地质系教授、地质系主任。1922年2月3日，中国地质学会在北京成立，章鸿钊为会长，翁文灏、李四光为副会长，学会的刊物是《中国地质学会志》，一些古生物学研究论文在这一刊物上发表。1926 年 5 月 24 日—5 月 31 日，第十四届国际地质大会在西班牙马德里召开，古生物学家孙云铸在会上发表了《中国之寒武、奥陶及志留纪》的论文。

1928 年 1 月，古生物研究所的主要前身，原中央研究院地质研究所在上海成立，1933 年迁至南京古生物所现址。李四光任首任所长，其内部业务机构有基础地质、应用地质和古生物 3 个组。南京成为全国古生物研究的一个重要基地。

1937 年，抗日战争全面爆发，同年 11 月，国民党政府从南京迁都武汉，后又迁到重庆。原中央研究院地质研

1934 年，李四光（左二）、杨钟健（右二）等在北京周口店考察

究所迁往桂林。1944 年，原中央研究院地质研究所从桂林迁往贵阳。1946 年，原中央研究院地质研究所迁回南京。

1948 年 1 月 9 日，中国古生物学会理事会推举李四光、尹赞勋作为代表参加第十七届国际古生物协会会议。3 月，《中国古生物学会会讯》创刊；6 月，《中国古生物学会会刊》创刊。10 月 26 日，在南京举行了中国古生物学会第一届学术年会。12 月至次年 4 月，原中央研究院地质研究所、原中央地质调查所同仁在许杰、李春昱、尹赞勋、赵金科等组织领导下，坚定地反对国民党当局迁所至台湾的决定，保护图书资料，保护标本和仪器，迎接新的历史时期的到来。

**第二节　活力焕发**

1949 年 10 月，中华人民共和国成立，社会主义建设如火如荼地开展了起来。古生物学获得了迅速发展，在助力国家经济发展和学科建设方面都取得了巨大进步，成为享誉国内外的顶级科研机构。

**一、不凡历史**

1950 年 8 月—1955 年是古生物所的初创奠基时期。1950 年 4 月，李四光由英国辗转回国。5 月 7 日，周恩来总理在北京接见了李四光，并委以重任。同年 8 月 24 日，政务院第63次政务会议通过了批准成立中国科学院古生物研究所的决定。次日，周恩来总理签发任命书，任命李四光为所长，赵金科、卢衍豪为副所长。研究所由中国地质工作计划指导委员会领导。

中国科学院古生物研究所的成立是中华人民共和国古生物学发展史上的一个里程碑，标志着中国古植物学、古无脊椎动物学和古脊椎动物学三个分支学科第一次在机构、领导体制上实现了统一。

1951年，中国科学院古生物研究所建所大会

　　1952 年 8 月 18 日，中国科学院决定古生物研究所在京的古脊椎动物室归由中国科学院直接领导。1959 年 4 月 1 日，中国科学院决定古生物研究所改名为地质古生物研究所。1971 年 3 月，中国科学院决定地质古生物研究所改为现名，即中国科学院南京地质古生物研究所。这一时期，古生物所面向国家急需，积极组织科研人员投身于地质找矿和工程建设工作，同时也扩充和完善了古生物学文献资料等的收藏。

　　1956—1966 年是古生物所发展时期，该时期古生物

古生物所大门

所的发展进入黄金时代，科研业绩非常辉煌。其间虽受到了三年困难时期等的影响，但总体上是健康发展的，古生物学和地层学研究积累了大量基础资料，并取得了一批开创性成果，在人才培养和学术期刊建设等方面的成绩也非常显著。

1966—1976 年是"文化大革命"时期，古生物所受到很大影响，发展迟滞。但是，古生物所科学家利用一切可能的机会，坚持科学研究和资料积累，努力参加能源和矿产资源勘查及科学考察工作，仍然取得了一些重要的科研成果。

1977—1997 年是改革开放时期，古生物所重燃活力，进入了新的黄金发展阶段。研究所积极承担国家科研项目，科学研究、人才培养、队伍建设、实验室建设和国际合作等工作均得到了全面发展和长足进步。

1998—2010 年是知识创新时期，在这 10 余年中，古生物所以实施知识创新工程为主线，着力科研文化、管理体制、运行机制、队伍建设和人才培养等方面的创新与改革，取得了一系列具有国际先进水平、原创性的研究成果，在国内外科学界产生了重大影响。2010 年以来，古生物所进一步发挥学科优势，不断取得震惊世界的新发现和新成果，为促进国际古生物学科的发展和繁荣贡献了中国古生物学家的智慧。

古生物所中楼

　　总之，历经历史锤炼和耕耘，中国古生物学已经进入蓬勃发展阶段，在探寻和开发矿产资源、探索生命起源与演化理论，以及在保护地球、科普教育和国际学术竞争中发挥了不可替代的重要作用，开创了中国古生物学百年发展历史上的辉煌时期。

　　二、建功主战场

　　中华人民共和国成立后，随着国家对煤炭、石油以及金属矿产等基础工业原料的需求越来越旺盛，急需开展地质勘探，古生物所科学家立即投入全国地质大调查工作，在大庆油田、克拉玛依油田、胜利油田等各大油田勘探的基础地质工作中，在富铁矿会战、西南石油会战、新疆矿产资源研究等国家重大资源勘探任务中，都可以看到南京古生物所科学家的身影，形成了"南古人"特有的精神气质。

　　老一代古生物学家不负韶华、只争朝夕、山川大海、日月星辰，他们用双脚丈量着神州的每一寸土地，誓要证明中国地大物博的资源富饶。新疆戈壁的酷热干旱，南海勘探的滔天巨浪，松辽盆地的密林深山，青藏高原的缺氧

塔里木石油会战

严寒，这些都挡不住南古人服务国家的脚步。20世纪60年代，在青藏高原无人区高寒缺氧的条件下，南古人观测了上百条地层剖面，采集了大量古生物化石标本，对青藏高原的地层和古生物进行了系统研究。

在完成国家重大地质科考任务的同时，南京古生物所不断提升学科研究，促进并引领中国乃至国际地层的生物学学科发展。南京古生物所坚持以任务带学科，不断拓宽研究领域，众多新化石门类研究如雨后春笋般相继起步，为中国古生物学的发展奠定了坚实的基础。

近年来，我国华南地区发现了大型页岩气，在这个过程中，古生物笔石化石功不可没。笔石化石是在中国华南寻找页岩气的"GPS"，通过对笔石化石的深入研究，可以精确划定相关地层年代，定位富含页岩气能源的黑色页岩。经过长期不懈的攻关，南古人最终建立了页岩气主产区地层的精确划分标准，而今这套标准已经成为指导生产部门进行页岩气勘探开发的"黄金卡尺"。


三、学科发展

历经中华人民共和国成立以来的不断发展，古生物所学科建设也日趋完善，已经建立了40多个多门类化石研究方向。如此众多门类的化石研究，即便放眼世界也是非常罕见的，形成了古生物所在古生物学基础研究上的巨大优势，也奠定和夯实了古生物所走向未来踏实向前的基础。正如著名古生物学家、早期生命研究领域的领军人物袁训来研究员所言，或许再过四五十年，许多化石类型恐怕只有在古生物所才能鉴定和观察到。

现在，南京古生物所致力于古生物学、地层学及相关学科的科学研究（基础前沿、应用基础），聚焦三个主攻方向：①地球生命起源与早期演化；②陆地生态系统起源与演化；③精时地层与精时古地理。形成了三个前沿交叉方向：①深时重大生物事件与生态系统演变；②深时气候变化与天体古生物学；③古生物学与地层学大数据分析。

## 第三节　重塑辉煌

南京古生物所聚集了全国优秀的地层古生物工作者，在古生物学和地层学前沿领域取得了一系列具有国际先进水平的重大原创成果。2020 年，在中国科学院组织的学科国际评估中，南京古生物所的古生物学和地层学两个学科方向均被国际同行一致评为"国际一流、国际领先"。

### 一、世界研究中心

1951 年以来，南古人与全国地层古生物工作者共同投入国家建设，积极承担国家重大任务，在古生物学和地层学前沿领域取得了一系列具有国际先进水平的重大原创成果。

自 1956 年以来，有 200 余项科研成果获得国家、中国科学院及省部级奖励，其中 27 项获国家级奖励。特别是近年来，古生物所在早期生命起源和寒武纪大爆发，重大地史时期生物的辐射、灭绝与复苏、全球界线层型，早期植物的起源与演化等领域获得了一系列国际著名的研究成果。例如，"6 亿年前最早的地衣化石（Science，2005）""前寒武纪两侧对称动物演化的证据（Science，2006）"以及"6.32 亿年前动物休眠卵化石（Nature，2007）"等重大发现连续三年被评为"中国基础研究十大新闻"，"阐明二叠—三叠纪之交生物大灭绝及其复苏模式和原因"（与中国地质大学共同完成）入选 2012 年度"中国科学十大进展"。

近 20 年来，古生物所获得的国家级奖励主要包括："澄江生物群与寒武纪大爆发"（与云南大学、西北大学合作）获得 2003 年度国家自然科学奖一等奖；"全球二叠系—三叠系界线层型研究"（与中国地质大学合作）、"寒武系和奥陶系全球层型剖面和点位（金钉子）及年代地层划分"和"中国的乐平统和二叠纪末生物大灭绝"分别获得 2002 年度、2008 年度和 2010 年度国家自然科学奖二等奖；"远古的悸动——生命起源与进化"获得 2014 年度国家科技进步奖二等奖。

澄江生物群野外站

古生物所主办的核心学术期刊有《古生物学报》《微体古生物学报》《地层学杂志》、Palaeoworld。此外，不定期出版物有《中国古生物志》、Palaeontologica Cathayana（英文版）、《中国科学院南京地质古生物研究所集刊》《中国科学院南京地质古生物研究所丛刊》等。另外，1998年，在云南澄江帽天山建立了集野外研究、国际学术交流和科普宣传等功能为一体的研究站。

## 二、馆藏亚洲第一

在南京古生物研究所院内，沿坡而上半山腰上的一个大圆盘，其右侧便是模仿民国建筑的图书馆。图书馆成立于1953年，经过50多年的藏书建设，目前收藏有古生物学与地层学专业图书期刊约28万册（期），其中外文期刊近2000种约20万册（期），部分为20世纪前的出版物，个别文献可追溯到18世纪70年代。图书馆的馆藏系统内容丰富且具有鲜明的专业特色，是亚洲最大、世界三大古

古生物所图书馆

生物学专业图书馆之一。图书馆上下两层，二层有间宽敞的阅读查阅室，陈列了最新上架的期刊和图书。宽大的书桌方便研究人员翻阅和查询时使用。

图书馆一层和二层都有书架式藏书，不仅收藏了国内外几十种期刊，还收录了大量国内外专著、论文集和油印本，包括民国时代中国地质古生物学界老一辈科学家留下的大量开拓性的论文和专著。图书馆中甚至收藏了18世纪一些欧洲科学期刊，这些珍贵文献即便在欧洲也是珍品级文献资料，仍在古生物学家的分类研究中发挥着作用。图书馆还收藏有通用和专业的中英文词典、古生物学研究专用的拉丁语词典等。

沿着院内主干道继续往上走，经过一段陡坡左向拐弯，便可见两座同样是仿民国建筑的楼房，一座是标本馆楼，一座是为服务在研标本统一管理而建的在研标本楼。标本馆是世界上重要的古无脊椎动物和古植物化石标本收藏中心之一，现有馆藏化石标本近100万件，其中约20万件为极具科研价值的模式标本。

标本馆历史悠久、藏品丰富，其前身是1928年成立的原中央研究院地质研究所标本室。馆藏既有我国古生物学的早期开拓者李四光、葛利普、孙云铸、黄汲清、尹赞勋、赵亚曾、斯行健等科学家采集研究的标本，也汇集了瑞典、德国、美国、英国、加拿大、澳大利亚、波兰、捷

古生物所图书馆借阅室

古生物所标本楼

克、苏联、伊朗、日本等数十个国家交流合作研究的标本。涉及的地域分布广阔、年代跨度宽泛、化石门类齐全，是国内外有关科研、生产、教育部门在科研和实际工作中重要的参考对比和引用的基本资料。

### 三、人才辈出

经过几十年的风雨兼程，古生物所几代古生物学家薪火传承，已形成并保持了一支老中青相结合的、与国家建设和国际前沿研究相适应的古生物学人才队伍。目前拥有3位中国科学院院士，5人获得中国科学院"百人计划"资助，8人获得国家杰出青年科学基金资助，1人入选国家"千人计划"，3人获得科技部重大项目"首席科学家"称号。古生物所李四光、斯行健、赵金科、穆恩之、王钰、卢衍豪、李星学、顾知微、盛金章、周志炎、戎嘉余、金玉玕、陈旭和沈树忠14位科学家先后当选为中国科学院院士。

通过中国科学院"外国专家特聘研究员计划"聘请了4位外籍专家（英国自然历史博物馆 Christopher Hill 教授、英国南安普敦大学 John Marshall 教授、德国不莱梅大学 Helmut Willems 教授、英国伦敦大学学院 Graham Shields 副教授）。通过中科院"外籍青年科学家计划"聘请了3位外籍学者（法籍 Frédéric Jacques 博士、英国 Joseph

古生物所院落

Botting 博士、西班牙 Pablo Camps 博士）。这些外籍科学家的加盟，增强了古生物所的科研力量，扩大了古生物所在国际学术界的影响，活跃了古生物所的学术交流和氛围。

总之，古生物所正在致力于建成一个国际一流的地层古生物专业研究机构，包括地层古生物学研究中心、标本收藏中心、信息数据中心、科学传播中心、实验技术中心、咨询服务中心，以及地层古生物学人才培养基地（6+1）。

第二章

展馆纵览

　　南京古生物博物馆自 2005 年年底全面建成对外开放，
经过 18 年运行与实践，已经成为南京、江苏乃至全国著
名的科普基地，在古生物科学传播和生物进化宣传上硕果
累累。来自全国各地的参观者逐年增多，2023 年参观人
数达到 50 多万人。

## 第一节　展陈今昔

### 一、博物馆前身

　　20 世纪 70 年代，中国科学院南京地质古生物研究所
在研究大楼一楼筹建了史前生物展，展出了近 3000 件化
石精品，主要为古生物专业人员使用，也不定期对社会开
放。1993 年，南京古生物研究所被评为首批全国科普教
育基地，史前生物展成为对外开放、进行古生物科学传播
的基地。

## 二、博物馆建设

建设一座体现我国古生物学知识的殿堂,对外开展生物进化的科学传播,一直是几代古生物学家的夙愿。当21世纪的时代钟声敲响,这一愿望在我们这一代人身上终于如愿以偿地实现了。

### 1. 立项

中国科学院南京地质古生物研究所经过几代古生物学家的艰苦努力和卓越贡献,涌现了以澄江生物群研究为代表的一大批具有世界先进水平的研究成果,积累了非常丰富的古生物化石。原有的小型古生物陈列室已远不能反映当前古生物学研究的成果,也无法全面系统地展示地球演变过程中的生命进化史。而南京乃至江苏长期以来也一直缺乏有关生命进化的自然科学类的博物馆。因此,中国古生物学事业需要一个平台来展示古生物学研究的最新成果,全面系统地宣传生命进化的自然科学知识;社会大众也需要一座古生物博物馆,从中汲取丰富的有关生命进化的自然科学营养。

20世纪末启动的中国科学院知识创新工程提出了创新文化的重要内容。作为创新文化重要组成部分的博物馆建设成为院所一致的认识。中国科学院和江苏省政府分别拨付巨额经费,为博物馆建设提供了资金保证。

## 2. 土建和布展

1998 年 3 月，江苏省与中科院领导在院、省合作中，确定中科院和江苏省合作共建南京古生物博物馆。2002 年 5 月，博物馆举行了隆重的土建开工仪式。经过两年的精心施工，博物馆于 2004 年 4 月完成土建，一座以恐龙形象为建筑形体的现代化博物馆坐落在以民国建筑为主要风貌的鸡鸣寺风景区，古生物所大院内，形成了一道独特的亮丽景观。随后，博物馆通过了建安工程的验收。

2004 年 5 月，启动博物馆布展的设计、招标和施工，并于 2004 年 10 月 1 日完成一期工程"澄江生物群特展"，实现对外开放。消息一公布即轰动了社会，迎来了大批参观者。随后，经过一年多的筹建，在中国科学院南京地质古生物研究所广大职工的努力工作下，经过展品标本征集、二期布展工程设计、招标和施工，顺利完成了博物馆生命进化史展览的整体建设，并于 2005 年 12 月底成功实现了对外开放。

2020 年，在中国科学院专项资金的扶持下，南京古生物博物馆开始重新布展。展览内容重新设计，展览装饰重新出新。除了"恐龙天地"展厅一组恐龙模型造型、上山之路地层剖面雕塑、猿人洞雕塑被保留下来，其余空间重新做了规划设计和装饰布展。博物馆翻新建设历时一年，展出化石展品 1000 余件、多媒体展品 30 件、各类展板 445 个、各类指示牌和说明牌 100 余块，2021 年年初重新正式对外开放。

## 第二节　展览掠影

　　走进重新装饰后的古生物博物馆，给人以面貌一新的感觉。宽敞的走道和高大的展板显得雍容大气，展板图文组合形式多样，展区色彩丰富且和谐。巨幅古生物复原图比比皆是，既体现了近年来古生物事业的飞速发展、研究成果丰硕，且迈开了科研成果科普化的步伐，也形象诠释了展览的主题和内容。展览内容的更新体现了科普的时效

南京古生物博物馆建筑

性，展览形式多样和多媒体新技术的应用，增添了科普趣味和亲和力。新时期古生物博物馆展览展示又向前迈进了一步。

古生物博物馆作为立足于古生物研究所建立的开放型展馆，非常注重展览的科学性。科学文本大纲倾注了众多科学家的心血，在国内生物进化科学展示上具有引领性。重要的是：不同地质时期的大量化石全系列地展示在各个展区，栩栩如生地将远古生物的面貌真实地展现在公众面前。

让我们沿着展览流线一起去追溯生命的踪迹，感受地球46亿年的历史长河中，曾经流淌着怎样的生命长河，是惊涛骇浪、暗礁丛生，还是一泻千里、万马奔腾。每一件化石展品背后都有一个逝去的生命故事，有一曲自然与生命协同或抗争的乐曲，配上图文就将气势恢宏的生命史展现了而来。

馆内展出了千余件精美的化石标本，从"澄江生物群"和包括"镇馆之宝"中华龙鸟在内的"热河生物群"，到邓氏贵州鱼龙、巴氏剑齿虎、南京直立人等，这些化石的存在，证明在46亿年的地球历史中，生命之河流淌了至少38亿年。

一、生命进化史

在漫长的生命演化历程中，曾创造了一系列惊天动地的进化事件，留下了无数难以忘怀的生命奇迹。生命就像交响曲，起源、辐射、灭绝、复苏和再辐射……跌宕起伏，高潮迭起。化石就是生命传奇中的故事点，串联起来就是一部恢宏的生命史。因此，化石是展览的主角，它带给我们地球生命的知识，揭开自然和生命的奥秘，给予我们地球生命史演变的启示。

1. 序厅

走进古生物博物馆大厅，映入眼帘的是一组"生命演化时钟"圆形展盘，展现了显生宙以来各纪代表性的生物风采。正面大型生命史浮雕简要地展示了从前寒武纪到人类出现的历史。左侧高大矗立的地球演化与生命进化螺旋图，十分醒目地点明了博物馆的主题思想：进化中的生命，

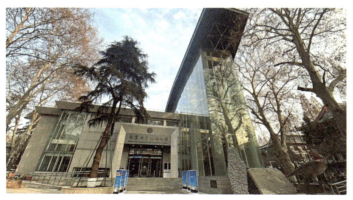

南京古生物博物馆正门

演变中的地球。

2.恐龙世界展区

大厅左侧是整个博物馆建筑最高大的空间，矗立着一组高大的恐龙骨架，由我国著名的侏罗纪时代的马门溪龙、多棘沱江龙和单脊龙组成。高空悬挂着数个翼龙骨架。翼龙是中生代稍晚于恐龙出现的飞行爬行动物，在白垩纪末与恐龙一起灭绝了。恐龙蛋、恐龙脚印和恐龙骨骼化石分列在各个展台或展柜里，有关恐龙的趣味知识在有限的展柜空间也有介绍。

我国是世界上发现恐龙物种最多的国家，无论是恐龙骨骼化石还是恐龙遗迹化石，尤其是恐龙蛋化石都是世界

展览大厅地质时钟展项

"恐龙天地"展厅

上最丰富和最多样的。而且研究恐龙的古生物学家在世界
上也是鼎鼎大名，享有很高威望的学者。这些也需要国人
了解并引以为傲。

恐龙世界展区倍受公众瞩目，驻足观看的游客在讲解
员的生动介绍下总是久久不愿离去。

3. 地层万卷书

南京东郊是我国经典的地质研究区域，在民国时代就
有像李四光等科学家做过大量的地质古生物工作，留有许
多非常经典且完整的古生代和中生代地层剖面，南京汤山

地区一直是大学地质系学生实习的地方，现在是汤山方山国家地质公园，当地政府为此不惜花费巨资修建了南京猿人遗址博物馆。

在上楼的阶梯上，楼道两侧是一对雕塑，反映了宁镇山脉6亿年来的地层序列。楼道两侧雕塑不仅等比例浓缩了这套地层序列，而且镶嵌有大量化石，形象地说明了在某个地质时期曾出现的生物类型，见证了这一地区曾发生的海陆变化和沧海桑田，直至距今2亿年前南京才成为一片陆地的景象。在这段不长的楼道上，每上一个台阶就如同跨过了1000多万年，让每个游客都有一种身临其境穿越时光隧道的感觉，留下了对南京地质演变和生物进化的深刻印象。

4. 生命与化石

来到二楼展区，进入生命与化石展区，展现的是地球多彩的生命家园。联合国2019年向世界宣布，当今地球拥有大约800万个物种，共同组成了生命大家庭。

地球生命可分为三大域，即细菌域、古菌域和真核生物域，其下可分为原生生物界、原核生物界、植物界、动物界和真菌界，进一步可以分为门、纲、目、科、属、种。

了解了当今地球生物面貌，移步前行来到化石展区。首先介绍生命的印记—化石，了解化石的形成过程和化石的类型。为了满足观众的好奇心，更好地了解地质古生物

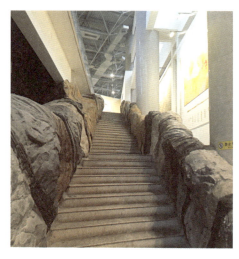

"上山之路"展项沿台
阶而上

展厅一角

学家是如何做野外考察工作的，展厅专门开辟了化石的采集和研究展区，展示相关野外装备和实验室处理工具。

这个展区的最后部分介绍了人类对化石的认识，让现代人了解到人类探究化石历史的悠长。我国春秋时期的《山海经》中就记录了龙骨，历朝历代都有智者意识到化石的含义，这些无疑丰富了人类认知化石的历史。

5. 早期生命

站在生命与化石展区尽头，可以俯视"恐龙天地"立体空间的全貌，这是拍照取景的打卡点。然后，转身右拐便进入了生命进化主题展的第一个展区：早期生命——生命的孕育。这个展区通过大型图文组合，叙述了生命起源、超级大陆与雪球事件、埃迪卡拉生命乐园。

地球是目前太阳系唯一存在生命的行星。在生命诞生之前，地球经历了星际物质大规模疯狂撞击、岩浆海四处蔓延的炼狱般的过程。恰在这一时期，孕育生命诞生的化学进化在进行中。当地球与月球的地月系统形成，地表被海洋覆盖，大量陨石带来了有机分子。米勒实验表明，即便在地球自然环境下也可形成有机分子，生命或许就悄然诞生在火山旁一潭热泉池中。

展台上陈列有我国最古老的岩石，来自河北东部地区距今 35 亿年前的曹庄群个铬云母石英岩。还有叠层石，一种由藻类微生物与细粒沉积物胶结而成的准化石，它们

生命进化史主题展          "前寒武纪"展厅

在前寒武纪长期存在，见证了海洋水化学变化、大氧化事件和后生生物的崛起。

前寒武纪生命进化经历了原核生命到真核生命、单细胞生命到多细胞生命，而后生动物的出现是这一漫长演化的结果。这一过程发生了一系列重大地质事件，如大氧化事件，地球从大气无氧环境到有氧环境，从而催生了真核细胞的诞生，开辟出生物界一条崭新的充满希望和未来的进化之路。板块运动的启动让地球从此充满能量，海陆几经聚合离散，造就了一系列宏伟高大的山脉、平原等各种各样的地貌，形成了一系列矿产资源。雪球事件阻滞了洋流活动，几乎停滞了生物进化，但让充满强大生命力的生物在大冰期后获得了大发展。

这一展区介绍了早期生命演化中一系列惊心动魄的事件，让观众深刻感悟了生物与自然的演变关系，也感受到生命自从诞生后所体现出来的顽强生命力。

让人印象深刻的是：前寒武纪展区最后阶段介绍了一系列生物群。这表明在前寒武纪末，生物界突然加快了演化节奏，掀起了一波又一波进化浪潮。在安徽发现的蓝田生物群表明生物在 6 亿年前已然宏体化，动物进入成体发育阶段。在陕西发现的高家山生物群则表明，生物骨骼化已经初见端倪。遍布世界各地广泛分布的埃迪卡拉生物群涌现了各种各样的辐射对称的动物。重要的是我国提供了这一时期最佳的生物化石群，奉献了一系列的研究成果。还有一个重要发现同样有着非同一般的意义，在我国湖北发现的石板滩生物群，根据遗迹化石探究，蠕虫状动物已然迈开了地球动物游移爬行的步伐！

这些精彩的进化事件并非一蹴而就，而是经历了前寒武纪极为漫长的演化过程。正是这一波波演化事件，埋下了显生宙寒武纪生命大爆发的契机，让观众对即将发生的里程碑进化事件的来临有了充分的知识预备。

细心的游客一定注意到展厅地面有许多由化石地砖组成的拼图，这些很特别的化石图纹有动物的，也有植物的，这在国内博物馆还是首创。

印刻有动植物的化石地砖

6. 无脊椎动物大发展

沿着二楼展线，穿过早期生命展区，进入二楼中部，便来到了无脊椎动物大发展展区。无脊椎动物起源于前寒武纪晚期，真正爆发式演化则起始于寒武纪，并在奥陶纪大辐射中达到了鼎盛。

在寒武纪展台，参观者首先映入眼帘的是大型澄江生物群复原场景。人们从场景中发现，寒武纪动物不再局限于像前寒武纪动物主要局限在海底，且以固着底栖生活为特征，而是呈现出游泳、底栖爬行与固着，以及潜穴多层次生态分布。

寒武纪展区展示的林林总总的化石主要来自云南澄江生物群，它们代表了当今生物界许多生物门类的祖先型分子。我国澄江生物群和清江生物群是目前世界上见证寒武纪生命大爆发最著名和最具有代表性的生物群，为揭开寒武纪大爆发做出了巨大贡献。

　　寒武纪大爆发拉开了古生代生物演化的序幕，涌现了从简单的海绵动物到复杂的脊索动物，几乎所有的现生动物门类都有了各自的代表。脊椎动物的起源可追溯到寒武纪的开始，但唱主角的还是无脊椎动物，如软体动物、腕足动物、节肢动物、曳鳃动物、动吻动物、蠕虫动物、海绵动物等。有意思的是还出现了一些形态非常奇特，甚至无法归入任何已知动物门的疑难类群，表明了寒武纪海洋的动物门类或许比现代更为多样。

　　其中有一件化石尤其令人关注，那就是奇虾，它是寒武纪海洋巨无霸。身长可达 2 米的奇虾是寒武纪食物链的顶级霸主，标志着完整的生态系统在寒武纪初期就已形成。澄江生物群的大型复原场景和多样化石诠释了这一重要时代的生物面貌。

　　奥陶纪是显生宙第二时代，生物界承继寒武纪大爆发的衣钵，再次掀起生物大辐射的高潮。无脊椎动物进入了鼎盛发展阶段，所有无脊椎动物门类均已出现。不仅种类非常丰富多样，生态系统也更加多样化。滤食性的动物尤其丰富。奥陶纪生物群深刻影响了古生代生物界的演化，因此，奥陶纪展台化石类型有了很大变化，角石替代了奇

寒武纪奇虾　　　　　　　　　　澄江生物群模型场景

虾成为新霸主，腕足类极其丰富，三叶虫出现了具有防御性的刺状结构，笔石异军突起，异常丰富。

7. 生物登陆

志留纪和泥盆纪是鱼类兴起和繁盛的时代。无颌鱼与有颌鱼同台竞争，最终有颌类依仗新陈代谢的优势，成为水域中的王者，演化出软骨鱼类和硬骨鱼类，硬骨鱼类又演化出辐鳍鱼类和肉鳍鱼类。前者是当今海洋中多样性最丰富的鱼类，而后者中的一支爬上陆地，开辟了陆地脊椎动物新的演化。

近年来，我国古生物学家在志留纪和泥盆纪鱼类化石研究方面有许多建树，在国际上极具显示度。除了早些年在云南发现的著名的潇湘生物群外，近年来又在四川和贵州相继发现了志留纪有颌鱼类化石群，对鱼类颌骨的形成和有颌鱼类演化研究提供了绝佳的化石材料。

"古生代"展厅

　　因此，志留纪和泥盆纪也是生物登陆的时代，开路先锋则是植物。当裸蕨植物掌握了保存水分的本领，登上陆地后便绿满山野，极大改善了陆地生态系统。早期裸蕨植物的代表有裸蕨、库克逊蕨、瑞尼蕨等。

　　尾随而至的是无脊椎动物中的节肢动物，而节肢动物分为两支：一支钻入土壤，失去眼睛，如蚯蚓等；另一支活跃在地上，后来飞上了蓝天，那就是昆虫。

　　鱼类上陆则要晚了几千万年，直到距今3.6亿年前，历经千辛万苦才颤颤巍巍来到陆地，代表性的动物就是鱼石螈。

"生物登陆"展厅

　　在这个展区陈列有大幅的生物登陆复原图和大型的雕塑场景模型，以及这两个时代的丰富化石。志留纪海洋中的板足鲎、四射珊瑚、笔石、牙形刺等都是优势动物，泥盆纪出现了菊石。总之，志留纪和泥盆纪是开拓生物新时空的时代，在进化史上意义非凡。

　　8. 两栖王国

　　两栖动物是地球生命史上演化最久远的陆地脊椎动

物，在石炭纪和二叠纪非常繁盛，被称为两栖王国。两栖动物是指可以同时生活在陆上和水中不同生态环境中的动物，它们是最早能在空气中呼吸的陆生脊椎动物。生命初期的两栖动物有鳃，当它们成长为成体时逐渐产生了肺。两栖动物是由总鳍鱼类的一支扇鳍鱼类演化而来。最早的两栖动物牙齿有迷路，故被称为迷齿类。两栖动物经历了快速的适应辐射，在石炭纪和早二叠世非常繁盛。这部分展示主要以图文版为主，且辅以大型模型展示。

9. 生命悲歌——大灭绝

在博物馆二楼临近最深处的一侧墙上，展示了显生宙5次大灭绝最新研究成果。我国在研究生物大灭绝上的成果一览无遗，在国际学术界享有崇高声誉。尤其在奥陶纪末生物大灭绝、二叠纪末生物大灭绝和白垩纪生物大灭绝方面，我国科学家的研究受到了国际同行的瞩目和高度认可。

奥陶纪末生物大灭绝发生在距今4.4亿年前，由前、后两幕组成。第一幕是生活在温暖浅海或较深海域的许多生物都灭绝了，灭绝的属占当时属总数的60%~70%，灭绝种数更高达80%。第二幕是那些在第一幕灭绝事件中幸存的较冷水域的生物又遭灭顶之灾。最新研究界定奥陶纪末大灭绝周期在20万年间。

晚泥盆世生物大灭绝发生在距今3.75亿年前，其灭

"生命悲歌"展厅

绝的科占当时科总数的 30%，灭绝的海生动物达 70 多科，陆生生物也遭受了重创。这次灭绝事件的时间较长，规模较大，受影响的门类也多。当时浅海的珊瑚几乎全部灭绝，深海珊瑚也部分灭绝，层孔虫几乎全部消失，竹节石全部灭亡，浮游植物的灭绝率也达到 90% 以上。

二叠纪末生物大灭绝发生在距今 2.52 亿年前，在 6 万年时间内造成了陆生生物大约 89% 的科和海洋生物 81%

的物种的灭绝，繁盛于古生代早期的三叶虫、四射珊瑚、横板珊瑚、蜓类有孔虫等全部灭绝，生物礁生态系统全面崩溃，古生代海洋中由海百合—腕足动物—苔藓虫组成的表生、固着生物群落迅速退出历史舞台。在陆生生物中，不同气候带的特征植物群消亡，被矮小的裸子植物代替。二叠纪最有代表性的四足类的陆生脊椎动物，有 63% 的科迅速灭绝。

三叠纪晚期生物大灭绝发生在距今 2.08 亿年前。虽然三叠纪晚期大灭绝造成的影响相对轻微，是 5 次大灭绝中最弱的，但也有 1/3 的科灭绝。其中海洋生物有 20% 的科灭绝，陆地上大多数非恐龙类的古蜥目、兽孔目爬行动物和一些大型两栖动物都灭绝了。

白垩纪末生物大灭绝发生在距今 6600 万前，它标志着中生代的结束。26% 左右的科、超过半数的属、75% 左右的种在大灭绝中消失。称霸一时的恐龙以及菊石、双壳类中的固着蛤类完全灭绝了。一度非常繁盛的六射珊瑚、大型底栖有孔虫和超微浮游生物遭到很大的摧残。这次大灭绝事件冲击了海洋和陆地的生态系统，使现代最重要的成礁生物六射珊瑚急剧减少。

生命演化是一曲史诗般的交响曲，有高潮也有低潮。从 20 多亿年前的首次生命大灭绝到显生宙以来的 5 次大灭绝，生命的悲歌一路相伴而来，成为生命演化的重要现象。大灭绝导致生物界一片萧条没落，却在淘汰旧有的物种过程中，迎来了新生的具有顽强生命力的生物更替。因此，大灭绝也是推动生命演化的一种动力。

　　大灭绝展览对当今人类很有警示意义，是否正在发生的第六次大灭绝正是现代人类在观察和研究的重大课题。在二楼展厅最深处一侧的墙面有一幅巨大的图幅，展示了当今生物界各个生物类群已经灭绝的情况，一个个灭绝数据让人触目惊心。追究现代生物生态系统出现的危机，人们猛然发现：不正是人类的自大和不合理生产活动导致了这场危机吗？

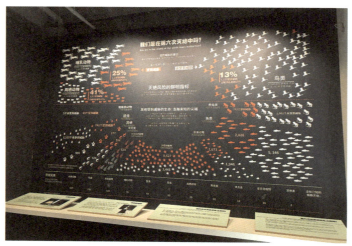

"生命悲歌"一角

10. 生命复苏

在博物馆二楼最深处一块不太显眼的展区角落，有一片墙上展示着一个特别的内容，就是近 20 多年来才引起学术界关注的生命复苏故事。其中对于规模最大的二叠纪末生物大灭绝后的生物复苏，中国科学家做出了重要贡献，他们通过对贵州三叠纪早期地层古生物的研究，揭示了生物界在应对大灾难时的种种表现，以及如何走向复苏和再度辉煌的。

科学研究解密，在三叠纪早期，最先获得复苏的动物包括双壳类、腹足类、头足类、节肢动物、牙形石和脊椎动物。因为它们都有鳃，拥有相对较高的新陈代谢速率和较强的内部循环系统，因而有着比放射虫、钙藻、蜓类有孔虫、海绵、四射珊瑚等更强的适应生存能力。同时，它们具有较广泛的栖息分布，从浅海到深水盆地乃至潟湖中都能生存，从而在面临大灭绝的灾难时，这些动物拥有较强的在绝境中生存的能力。

高温和缺氧是二个制约生物生存的重要因素。有孔虫对低氧和缺氧的耐受性最强，其次是软体动物（包括腹足类、双壳类、头足类）。而当高温气候发生时，珊瑚和放射虫受到的影响最大，其高温忍受上限不超过 34℃。其次为甲壳类、棘皮动物、有孔虫、头足类，其高温忍受上限约为 36℃。而软体动物腹足类和双壳类具有较高的高温忍受上限（>40℃）。介形虫的高温忍受上限最高，部分介形虫可以忍受超过50℃的高温。

面对难以抵御的灾难，一些生物采取了小型化的策略来应对危机。例如原生动物有孔虫、后生动物双壳类、腹足类、腕足动物、牙形石、鱼类等。类似的生存策略也反映在陆栖生物上，介形虫和四足动物也向小型化发展。显然，较短发育周期、较少能量消耗和低氧含量需求，使这些小型化生物在高压环境中得以生存下来。

生物残存还与可能存在的避难所或避难带有关。中国科学家提出了"避难带"概念，认为在二叠纪末海洋水层中存在一个避难带，许多残存的底栖和游泳动物恰巧处于能够躲避灾难的这个水层空间，才幸运地存活下来。

11. 爬行盛世

走下楼梯，来到一层展厅，便进入"爬行盛世"展区。中生代生物面貌完全不同于古生代，它是一个巨龙时代，天上翼龙、陆地恐龙和海洋鱼龙等构成了一个立体演化场景。

一幅幅大型复原图浓墨重彩地展现了三叠纪复苏后生物界一派兴旺景象。鱼龙在海里游弋，翼龙在蓝天飞翔，恐龙在陆地上争先。配上展板文字，参观者可以一睹中生代巨龙时代的风采。

我国西南地区是世界著名的海生爬行动物化石产区，

"三叠纪"展厅

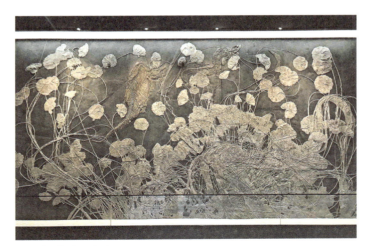

"三叠纪"海百合化石

像中三叠世盘县—罗平动物群、兴义动物群和晚三叠世关岭动物群便发现在西南地区的崇山峻岭中。博物馆展墙上安装的大型海百合化石便来自贵州。

海百合分根、茎、冠三部分。茎一般称柄，由许多骨板构成，有附着作用。冠由萼（即体盘）和腕构成，萼呈杯状或圆锥状，背侧由石灰质骨板组成，具口、肛门、步带沟。这块海百合化石栩栩如生，犹如在海里生长的森林，根系海底，随流摇曳，冠部如花盛开。在海百合化石中难得一见的是有几条鱼龙相伴其间，还有许多菊石化石浮游在一起，展现了一幅海洋动物和谐相处的生动场景。

转过一面墙，一条5米多长的鱼龙化石赫然入目，奇大的眼睛不愧为鱼龙的特征。鱼龙是中生代三叠纪海生动物的霸王。它几乎在三叠纪之初就已出现，可能是三叠纪生物复苏最早的一批动物。有趣的是鱼龙是游泳高手，能在漆黑的深海生活。

中生代爬行动物的天之骄子乃是陆上霸主恐龙，这个在博物馆门厅一侧的"恐龙天地"已有专题介绍。在"爬行盛世"展区则重点介绍了恐龙灭绝之谜。恐龙灭绝假说众多，但近年来更青睐"火山灭绝"说和"小行星撞击"说，认为这是两大关键原因。

在展区通道上空悬挂着许多翼龙，展现了中生代天空霸主翼龙。尤其在鸟类出现之前，翼龙更是一统天下。在

"热河生物群"展厅

临近"哺乳为王"展区有专区介绍我国的哈密翼龙，一幅幅彩色复原图和一块块化石，很好诠释了哈密翼龙的珍贵和重要性。

中生代引人入胜的展览内容还有热河生物群，一块中华龙鸟化石格外引人注目。中华龙鸟乃是世界上第一块带羽毛的兽脚类化石，这块保存十分完美的化石一经发表，便引起国际学术界高度关注，复活了鸟儿源自恐龙的假说。

12.哺乳为王

地球进入新生代，生物界气象万新。哺乳动物崛起称
王，除了继续陆地演化为主的同时，在始新世实现了下海
和飞天的壮举。

新生代的地理环境承继中生代白垩纪末格局，进一步
离散或聚合，终于形成当今地球四大洋和六大陆的分布状
态。随着南极冰盖的形成，地球气候趋向变冷，并在第四
纪形成大冰期，南北两极均被冰盖覆盖。青藏高原的隆起
重塑了东亚地理格局和东西亚季风的形成。

哺乳动物在新生代曾出现过远高大于现代的动物，像

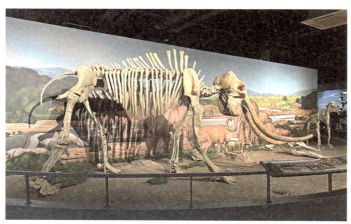

"新生代哺乳动物"展厅黄河象

"新生代"展厅陆生乌龟展品

犀牛、剑齿象等。在博物馆一楼一片宽敞的展厅，由玻璃环绕的展区，矗立着一具黄河象骨架，高大雄壮，身高 3 米、体长 6 米，仅一双门齿就长达 3 米多。

　　哺乳动物的牙齿化石被更多地保存下来，牙齿化石往往成为鉴别哺乳动物的关键特征。展柜里除了展示各种哺乳动物的牙齿，更多的是龟类、螺类、珊瑚等无脊椎动物化石。来自甘肃和政的一堆陆龟化石颇为引人注目，它由几十个陆龟化石组成，每一个陆龟都呈现不同的状态，表明这是一起突发的灾害事件造成了这群陆龟被突然埋葬。

　　在新近纪生物演化史上最重要的事件是人类的诞生。近年来，古人类化石的发现和研究取得了突破性进展。现代人类如何走出非洲，古基因学组的创立提供了最新的假说，即现代人走出非洲，曾与尼安德特人和丹尼索瓦人发生基因交流，演变成并不纯粹的现代人。参观者可从大型

南京猿人洞

古人类演进历程图中一窥现代人走出非洲、形成现代人的历史轨迹。

20世纪90年代，在南京东郊猿人洞发现了2块古人类头骨化石，震惊国内外。南京古生物所专家得知消息后，第一时间来到发现现场，开展研究。由古生物所李星学院士为首的专家团队对南京猿人及动植物化石进行了详细研究，发表了专著，奠定了南京猿人研究的基础。南京古生物博物馆建馆时，就将南京猿人列入了展览展示项目，并建筑了大型猿人洞模型，原汁原味地复原了南京猿人洞口的面貌。

## 二、古生物专题展

在博物馆展览中，除了生物进化主题展，还开辟专区举办了一系列专题展。特别是相较于原来的展览，增加了古生物学的应用和世界级精品展。这些专题展就是让参观者了解，古生物学也是一门对国民经济有着重要作用的学科，在我国页岩气的开采过程中甚至起到了无可替代的作用。随着我国古生物学的快速发展，发现了大量世界级的精品化石，在国际学术界的声誉与日俱增。为此推出的化石精品展，展示中国古生物学的成果和优势，也是扬我文化自信和民族骄傲，很有必要。

1. 无脊椎动物化石

在动物世界，无脊椎动物的多样性远高于脊椎动物，前者远远早于后者出现在地球生物演化的舞台上。在前寒武纪末的埃迪卡拉纪，无脊椎动物就已呈现出非常多样化的面貌，但它们绝大多数在寒武纪来临前灭绝了。

寒武纪是现代无脊椎动物祖先全面涌现的时代，在奥陶纪达到了鼎盛时期。无脊椎动物大约有 30 多个门类，其中以节肢动物多样性最高，海绵动物、刺胞动物、软体动物等多样性也非常高。

在博物馆二楼展厅，专门有一面墙介绍了无脊椎动物，三叶虫、菊石、腕足类等化石琳琅满目。在展厅过道上展示着来自加拿大的彩斑菊石，一种比较稀有的漂亮菊石，据说色彩斑斓的壳可用来制作吊坠和首饰等装饰物，非常引人注目。另有一块大型菊石化石可以让游客随手触摸，感受一下亿年前古老动物的形貌和表面缝合线的构造。

2. 微观世界——微体古生物

在与前寒武纪主题展相邻展区，专门有一个"微观世界"的展区，集中展示了微体古生物。微体古生物包括放射虫、有孔虫、几丁虫、介形虫、牙形刺、小壳化石和颗石藻、轮藻、沟鞭藻、硅藻、孢子与花粉等微体动物和微体植物，类型众多、形态各异、结构精妙。它们在漫长的地质历史中演绎着不同的进化模式，有的只是昙花一现，

"微观世界"展厅

有的却历经沧桑、经久不衰。因此，微体古生物为解读各地质历史时期的生物圈面貌，恢复古地理、古气候和古环境提供了丰富的科学证据。

　　微体古生物研究需要借用显微技术和图像显示设备，通过这些技术和设备，不仅可以观察生物的细胞、胚胎、组织、器官、微细构造和矿化特征等，而且可以清楚地看到个体非常微小的动植物化石。所以展区专门配备了显微镜，参观者可以透过显微镜看到一片精彩的微观世界，那

"古植物"展厅

些精巧的生物结构、斑斓的色彩，一定会让你感受到不一样的体验。

展区还展示了许多色彩斑斓的孢子花粉，十分吸引眼球。孢子花粉是植物的生殖器官，经过计算机的技术处理，能呈现出立体多彩的形象。这些来自不同植物的孢子花粉形象别致、色彩艳丽，很吸引眼球，科学和美学在此展区得到了展现和体验。

3. 绿色的征程"古植物世界"

古植物是古生物所三大研究重点之一，是地球生命史上演化时间最长的生物类别。从地球出现原核细胞和蓝细菌开始，到种类繁多的多细胞藻类，再到4亿多年前维管植物登上陆地，植物世界历经沧桑，度过了一次次全球性大灭绝事件，产生了一个个新的类群，并不断与动物界协同演化，才有了今天遍及山山水水的姹紫嫣红的花朵。因此，地球生命家园的形成，得益于植物漫长演化的贡献。

博物馆专门有一大空间，系统展示苔藓植物、裸蕨植物、蕨类植物、裸子植物和被子植物四大类群，介绍了它们的演化及在不同地质历史阶段的作用。

苔藓植物是一群小型的高等植物，没有真根和维管组织的分化，多生于阴湿环境中。裸蕨植物是一种体形矮小、结构简单的植物。它因无叶而得此名，却出现了维管组织，在茎轴基部和拟根茎下面，又长出了假根。蕨类植物种类繁多，包括楔叶类（木贼类）、石松类、真蕨类和种子蕨等。它们还是石炭纪—二叠纪成煤沼泽森林的主要类群。裸子植物包括银杏类、苏铁类及松柏类等。被子植物自早白垩世崛起后，迅速成为地球植被的主体，如今其多样性和丰富程度达到了鼎盛。

4.古生物学的应用

　　古生物学因工业革命的能源需求大幅增加而诞生，也因为能源勘探开发不断拓展而得到重视和发展。诚如第一章所述，在中华人民共和国成立之初，古生物学就为我国

"古生物学应用"展厅

勘探油气资源发挥了重要的作用。迄今，国家能源勘探开发仍然需要古生物学的支持。

然而，公众对此缺乏了解，这对古生物学科的发展会带来不利影响。博物馆展览改造、添加了这一新展览，旨在希望公众了解古生物学、理解古生物学。古生物学是一门探索地球和生命起源与演化的学科，其实也是一门对国民经济有着重要作用的学科。

古生物与油气资源有着直接关系，油、气、煤资源也被称为化石能源。另外，硅藻土矿、磷矿、金属矿等都与古生物化石密切相关。微生物活动在矿床的形成过程中对于成矿原始的迁移、富集、沉淀等都有着强烈的控制作用，现代页岩气勘探更是离不开古生物学科的助力。我国页岩气主要地层层位是奥陶纪、志留纪，笔石化石是这些时代的主要化石类型，在鉴定页岩气分布深度和地理范围上发挥了关键作用。

有趣的是，地质历史上有各种各样的生物礁，不仅富集了大量生物，而且成为很好的储油构造。如我国南海北部湾涠西南坳陷油气藏的产出层位为上石炭统，是一个藻礁成因的生物礁油气藏。

新展览介绍了古生物与化石能源的关系，诠释了成矿机制，特别列举了煤炭与森林的历史事件和人类勘探利用煤炭的历史。

"世界精品化石"展厅

澄江生物群化石

澄江生物群大型岩石剖面

5. 世界级精品展

古生物所多年来在科研上取得了一系列重要成果，发现了许多在演化史上有重要意义的化石，在国际上享有崇高的声誉，也是让公众了解和自豪的教育素材。为此，为了彰显古生物所的成果，在原有的澄江生物群特展厅开设了世界级精品展，集中展现了近年来在我国发现的重要化石，例如前寒武纪遗迹化石、早期被子植物化石、澄江生物群化石和福建漳州琥珀化石等。

一幅幅大型生物复原图、生态复原图，一个个放大镜里的琥珀化石、一块块精致的澄江生物群化石，都凝聚了南京古生物所人多年来的研究心血和他们的辉煌成果。

在澄江生物群展区，一块巨大的岩石剖面尤其引人注目，这是采自云南澄江生物群产地的岩石剖面。原汁原味的岩石保持了野外露头的面貌，倾斜的岩层和厚薄不一的岩石体块让人充满想象，因为这些岩石层很有可能隐藏着澄江生物群化石。这层层叠叠的岩石也是 5 亿年前地质构造运动和沧海桑田的见证。


三、古生物特展

古生物馆除了常设展厅，还不定期推出原创的科普临展。近年来古生物学研究不断取得丰硕成果，为博物馆源源不断地提供了知识来源。为了更好地宣传生物进化，及时推出科普临展，成为古生物馆一项非常重要的使命。

从博物馆建成对外开放开始，古生物博物馆就推出了21 个原创的科普临展。这些临展既有反映古生物学科重要进展的新成果，也有展示生命进化的重大事件和重要知识内容，还有反映与社会热点相关的古生物知识内容。展览展示荣获了省市文广系统颁发的优秀展览奖，更重要的是，其内容为微视频和微科普等新颖传播形式提供了科普素材。

2023 年正式对外推出的临展主题"时光胶囊——琥珀与时光的故事"，古生物所拥有国内收藏最多的琥珀化

石油特展厅

石。琥珀化石是一种特殊化石，是由松柏等裸子植物的树脂所形成的。精彩的是，许多琥珀化石含有各种各样的昆虫、甲壳类、贝类、真菌甚至两栖动物和爬行动物。

"时光胶囊"展陈的内容非常丰富，内容涉及古人眼中的琥珀、琥珀的科学认识简史、琥珀的前世今生、琥珀中的生命史及琥珀分布等。许多内容都是古生物所专家近年来的科研成果，从科学内容上看算得上是国内天花板级的临展。

随新馆一起开放的临展厅是"从黑油山走来"，主要展陈了油田勘探内容。在这里你可以发现原汁原味的各种成分的石油，了解我国石油行业所取得的辉煌业绩，进一步理解古生物所在与油气公司合作中的作用和意义。

### 四、多功能区

新改造后的古生物馆在展示功能上更加完善，引入社会资源后，先后建设了 3D 影院、球幕影院、达尔文实验站、科学咖啡厅、文创体验区和科普教学区。在对外开放中发挥了很好的作用。

3D 影院经过改造，形成了一个封闭的独立空间，在内饰和音响上有了很大改观，营造了一个舒适的观影空间。

球幕影院是利用原有的露天庭院，一年前才新建落成的放映空间。球形空间并不十分宽敞，但仰面观看漫天的

博物馆咖啡厅

星空或画面，有着不同于 3D 影院的观影感受。

达尔文实验站已有 10 年建站史，风格依旧，但仍不失为深受小朋友喜爱的活动空间。小朋友通过显微镜观察，用工具将化石围岩剥离开来，了解化石在岩石中的赋存状态，感受科学家是如何从岩石中使用物理方法分离化石的。

科学咖啡厅是伴随博物馆改造建起来的休闲空间，紧邻鸡鸣寺，落地大玻璃窗正好面对古鸡鸣寺建筑群，是观

古生物馆文创区

赏鸡鸣寺风景的最佳位置。每当开放日，咖啡厅总是热闹非凡，有来观景的，有来品味带化石符号的咖啡的。每当博物馆组织活动，咖啡厅也是参观者必光临的地方。在四周墙上布满科学绘画和艺术品的空间，坐下来品味一下美食和咖啡，不失为一件惬意的事。

　　文创体验区是博物馆对外营销科普产品的空间，临近博物馆门厅。当参观者结束整个展览的参观，都会路过此区，选择一下所喜欢的商品。除了书籍刊物，更多的是各种各样形态各异、色彩丰富的毛绒动物玩具，这些模仿远古动物的玩具深受小朋友的喜爱。另外还有化石和矿物晶体的销售柜，也是游客们争相购买的商品。琳琅满目的古生物商品是近年来古生物馆联合社会文创研发团队共同开发的，文创区已经成为游客和小朋友最想光临的地方之一。

科普教学区是博物馆开展研学活动、进行小课堂教学的区域。博物馆开发了一系列古生物科普课件，内容涵盖不同地质时期各个动植物类群，配以手工制作和实验，生动有趣，是博物馆除了展览教育之外又一个受欢迎的科普教育活动形式。

第三章

————

生命故事

　　在古生物博物馆，我们可以看到许多地球生命精彩的故事，其中有许多"第一"，包括某类动物的第一次发现，或某类动物的最早发现，还有许多明星古动物化石。这里就采集几件精品介绍之。

## 第一节　远古化石

　　近年来随着科技发展，辅助古生物发现和研究的手段不断出新，使得古生物研究不断取得突破。我国作为古生物学强国，在古生物资源和研究力量上都是世界当仁不让的第一。前寒武纪蓝田生物群和石板滩生物群、寒武纪临沂生物群、奥陶纪列夕生物群、志留纪潇湘生物群、早白垩世热河生物群、新近纪漳州生物群等接连发现，新成果不断涌现。其中不乏一些类群最早发现的化石，为追溯这些类群的生命源头提供了有力的证据。尽管目前所发现的最早化石或许会随着后续新发现而被改写纪录，但就目前而言，这些最早的化石都代表了人类对生命演化的最新认知。

一、最早成体海绵化石

贵州始杯海绵化石是最原始的成体海绵化石，它以磷酸盐化的形式呈三维立体的状态保存在白云质磷块岩中。科学家通过化学溶蚀法将白云质围岩剥离，才能得到完整的化石标本。然后通过扫描电镜观察，发现标本保存了精美的细胞结构。借助大型科学装置同步辐射光源，使用先进的三维无损成像方法，所谓相位衬度显微断层成像技术，重建了该化石标本的三维结构。

贵州始杯海绵大小仅 2 毫米，整体外观呈缠绕的管状，由 3 个独立的腔室和它们共用的一个实体基座组成，每个腔室都有一个向上的开口。细胞之间发育了数量众多的小孔，这些小孔直通有开口的腔室，在腔室内壁上还发现了类似现代海绵的领细胞结构。这些小孔和腔室一起形成了简单的水沟系统，为生物体提供了与外界进行能量交换的通道。

因此，贵州始杯海绵是一种底栖固着在浅水海底，通过简单的水沟系统进行滤食生活的原始动物。它与现代海绵动物非常相似，具有精致的细胞结构、不对称的体制构型、单一极性、简单的水沟系统，有细胞分化，无基膜，无真上皮，无组织分化，无骨骼。它的发现将海绵动物的演化历史前移了整整 6000 万年！

贵州始杯海绵化石

二、最早留下的爬行遗迹

2018年，我国科学家在湖北三峡地区发现了距今5.6亿年前埃迪卡拉纪地层的足迹化石，该足迹化石是地球上已知最古老的足迹化石！

这些足迹由两组足迹化石和三条潜穴化石组成，它们有过渡、有穿插。其中，两条平行的足迹与潜穴相连，反映了造迹生物行为的复杂性，即造迹生物可能时而钻入藻席层下进行取食和获取氧气，时而钻出藻席层在沉积物表面爬行。也有研究认为当时的海水可能是缺氧环境，而藻席的光合作用可以在局部产生氧气富集。这些足迹还表明，造迹生物可能通过附肢支撑身体脱离沉积物表面，而以往发现的同时代动物遗迹化石都是动物贴伏在沉积物表面蠕

前寒武纪动物爬行遗迹

动的。因此，科学家判断这种远古动物很可能是一只身体
两侧对称、具有附肢的节肢动物或环节动物祖先。

### 三、最早骨骼化石

在寒武纪底部，前寒武纪与寒武纪界限附近，突然出
现了一批带壳化石，被称为小壳化石或微小骨骼化石。小
壳化石分布在世界各地，是地球上首次出现的真正的骨骼
化石，代表着生命史上一次革命性的演化事件。

小壳化石除了可归于软体动物、无铰纲腕足动物和软

舌螺外，还包括大量分类位置不明的类型，其中的大多数动物类型只经历了短暂的演化试验。它们是寒武纪第一批代表性的生物，被誉为拉开了寒武纪生命大爆发的序幕，因而格外引人注目。

这批微小骨骼化石最具革命性的事件是普遍披上了硬体，即骨骼化已然成为寒武纪早期最显著的演化现象，这表明在寒武纪开始就已发生了大规模的生物矿化事件。生物骨骼化作用不仅极大地提高了动物化石保存的潜力，造成了前寒武纪与寒武纪化石的极大差异，而且为完整记录生物的形态学、组织结构学和分布的信息提供了可能。

生物骨骼化是生命史上里程碑的事件。微小骨骼动物恰是代表了地球上第一批拥有真正骨骼的动物，它反映了大气氧含量的提高已使生物足以产生骨骼来获得进一步演化。科学研究表明，生物骨胶原的生物合成只有在足够的大气氧存在的情况下才能实现。

## 四、最原始无颌鱼化石

昆明鱼是一种原始的无颌鱼类，发现于中国云南澄江县帽天山寒武纪地层，距今 5.18 亿年前，是迄今已知最早的脊椎动物。昆明鱼与同时发表的海口鱼将人类所知的脊椎动物产生的时间向前推进了约 4000 万年，是地球早期脊椎动物进化研究上的重大突破。

昆明鱼

昆明鱼的外观像现今的盲鳗纲，长约 2.8 厘米，高 6 厘米。昆明鱼表皮无骨骼和鳞片，身体呈纺锤形，可分为头部和躯干部两部分。背鳍前位，腹侧鳍从躯干下方长出，很可能为偶鳍，无鳍条；头部具 5 个至 6 个鳃囊，每个鳃囊中具有半鳃结构，鳃囊可能与围鳃腔相通。躯干约有 25 个肌节，皆为双"V"形结构，腹部"V"字尖端指向后，背部"V"字尖端指向前；内部解剖构造包括咽腔、肠道、脊索以及可能的围心腔。

五、最早的裸蕨化石

最古老的陆生维管植物是裸蕨植物，顾名思义，它是一种植物体裸露的蕨类植物。这类形态十分原始的植物没有根、茎、叶的分化，但出现了与根、茎和叶相似的器官。地上的主轴和地下的似根茎中出现了维管组织，枝轴表面具有角质层和气孔，可以呼吸空气和调节水分的蒸发。在枝轴的顶端长有孢子囊，能够在陆地上独立繁衍后代。与后来出现的高等植物和现代植物相比，裸蕨植物的形态特征和组织器官显得十分简单和原始。

库克逊蕨是地球上最早出现的陆生维管植物，它们高约 10 厘米，没有枝叶，也没有根系，只是一种简单的分权结构。主茎顶上有小孢囊，孢囊中生有孢子，孢子会随风飘到其他地方后继续生长。瑞尼蕨也是出现在晚志留世的一种十分原始的裸蕨类，它的构造非常简单，向下长着一些丝状假枝，向上竖着立轴，立轴和分枝上都没有叶片。

## 第二节 明星化石

在进化史上代表某一类群生物最早祖先或第一次出现的化石固然有其特殊的演化意义，有些化石却由于特殊的特征和发现史上的独特作用，也在书写进化研究史上留下了浓墨重彩的一笔。

### 一、拉开澄江生物群研究的帷幕——长尾纳罗虫

1984 年，当年还在古生物所读研究生的侯先光在云南澄江帽天山采集化石时，幸运地采集到了纳罗虫化石。这是第一块澄江生物群化石，从此揭开了轰动世界的澄江生物群面貌。纳罗虫是一种奇特的三叶虫，它没有胸节，外壳尚未矿化，只有头部和尾部。

背甲分头尾两部分，头甲半圆形，头甲两后基角刺状。

澄江生物群纳罗虫

尾甲半长椭圆形、具侧刺，两个较大的后尾刺，后尾刺之
间另具 3 个到 4 个小刺。

纳罗虫是以潜居的蠕形动物和被稀泥所埋软生生物
遗体为食，主要生活在稀软泥底和半硬底的不同环境。纳
罗虫可通过身躯的弯卷在软底表面进行掘进，同时它的外
肢具有很大的外叶，可以在接近海底的水域游泳或用内肢
步行。

二、视力惊人——灰姑娘虫

在澄江生物群中，灰姑娘虫非常引人注目。它体长 2.5
厘米，由头和躯干两部分组成，特别是拥有已知最早的复

眼。在高倍显微镜下，灰姑娘虫的复眼居然由 2000 多个小眼组成！在这 2000 多个复眼当中，相对大一些的小眼组成了敏锐带，其精细的神经结构已演化到令人惊叹的地步，这说明寒武纪早期的节肢动物已拥有了高度发达的视力。

　　灰姑娘虫的眼睛与人类不同，是没有眼皮的，而是像螃蟹的眼睛那样，可以收缩。睡觉时，能够自动收缩进头甲里。而在需要用眼时，像是有操作杆作支撑的眼睛能够伸出头壳，大幅度转动。现代螃蟹复眼中的小眼只有 1000 个左右，而灰姑娘虫或许比现代的虾和螃蟹的视力

澄江生物群灰姑娘虫

都要好得多。另外，灰姑娘虫的眼睛还有一个神奇的地方，就是它的视力范围达到 270 度左右，而我们人眼的视力范围大概只有 180 度左右。

### 三、金钉子关键化石——牙形刺

牙形刺是一种分类位置未明的海生动物的器官，常分散保存成为化石。这一类化石个体微小，大小一般在 0.1~0.5 毫米之间，最大可达 5 毫米，颜色呈现琥珀褐色、黑色或灰黑色，透明或不透明，质脆。其化学成分为磷酸钙，质地坚硬，溶于稀盐酸，不溶于弱酸。由于其形如牙齿，因此名为牙形刺。具有这种器官的海洋动物叫作牙形动物。

牙形刺的演化非常快速，以至于科学家在古生代和三叠纪的深水相区划分出 180 多个带，在浅水相区划分出 200 多个带。牙形刺化石已经成为古生代与中生代界限划分的重要依据，并在确立二叠纪末金钉子剖面中起了关键的作用。

牙形刺

## 四、第一个被发现的带羽毛恐龙——中华龙鸟

20世纪90年代，辽西一位农民给古生物所送来了一块稀世之宝，它就是中华龙鸟化石，世界上第一个发现带有羽毛的兽脚类恐龙。中华龙鸟发现于中国辽宁省西部北票热河生物群，生存于距今1.4亿年前的早白垩世。开始以为它是一种原始鸟类，定名"中华龙鸟"，后经研究，证实为一种小型肉食性恐龙，属于兽脚亚目美颌龙科中华龙鸟属。

中华龙鸟化石骨架约1米左右，前肢粗短，爪钩锐利，后腿较长，适宜奔跑，全身披覆着原始羽毛。中华龙鸟体表黑色的原始羽毛，很可能是鸟类羽毛的前身。它没有飞翔功能，主要起着保护皮肤和维持体温的功能。

长期以来，鸟类是不是恐龙的后裔一直存在着不同的看法，中华龙鸟的发现复活了鸟类起源于恐龙的假说，为龙鸟亲缘关系的建立提供了重要的化石证据，也为复原恐龙体表真实颜色提供了羽毛黑色素的依据。

## 五、天下第一花——辽宁古果

1996年，中国科学院南京地质古生物研究所专家孙革，获得了一件在辽西北票市黄半吉沟组下部的地层中发现的植物化石。其植株纤细，主侧枝呈倒"人"字形，在貌似蕨类植物的枝条上，螺旋状地排列着40多枚类似豆

中华龙鸟化石

荚的果实，每个果实中都包藏着2粒至4粒米粒般大小的种子。这些特征显示了它们在早期被子植物中的原始性。另外，其茎枝细弱，叶子细而深裂，根部发育，只具有几个简单的侧根，反映了其水生性质。1998年，孙革等在美国《科学》杂志上报道了他们的研究发现，认为这是一种早期的被子植物，并把它命名为"辽宁古果"。这一成果被国际媒体赞誉为地球第一朵花。

辽宁古果的发现解答了英国生物学家达尔文的"讨厌之谜"。达尔文曾因被子植物突然在白垩纪大量出现，并由于找不到它们的祖先类群和早期演化的线索而感到困惑不解，辽宁古果的发现为解开这个谜提供了重要依据。

辽宁古果化石

## 六、四不像的麒麟虾

章氏麒麟虾是近年来在澄江生物群中新发现的一种长相十分奇特的化石，其头部前侧有 5 个眼睛，也有报道是3 个眼睛。这在澄江生物群中显得标新立异，非常特别。类似这样特征的报道曾见于加拿大的被称为怪物的欧巴宾海蝎。

用麒麟来命名一个物种，有其特别的含义。麒麟，我们都知道这是我国古代神话中的祥瑞神兽，通常来说有着龙首、麋身、牛尾、狼蹄等多种动物融合一体的特征。章氏麒麟虾也同样如此，它既有覆盖着体表的骨骼，或者说是表皮，也有着分节的身躯和多个环节愈合成的一个坚硬的头壳，以及分节的腿肢等真节肢动物非常明显的特征。同时它也有着属于节肢动物祖先的形态，与同时代的奇虾有着类似的附肢。

章氏麒麟虾就像是神话中的麒麟一样，身体生长出了两种动物的不同身体特征，嵌合了真节肢动物和节肢动物的特征。这表明麒麟虾的演化位置可能位于真节肢动物的最根部，处于奇虾类和其他真节肢动物之间。这种长相奇特的章氏麒麟虾，为揭开节肢动物起源之谜提供了关键线索，是节肢动物进化的中间钥匙，也被认为是证明达尔文进化论的又一个实锤。

麒麟虾化石

## 第三节　重要化石群

　　中国国土辽阔，地质地层发育齐全，古生物化石十分丰富。在不同地质时代都发现了重要的生物化石群，在生物进化史上具有重要意义，也是古生物馆重要的展示内容。

### 一、瓮安生物群

　　瓮安生物群产于贵州省中部的瓮安县瓮安磷矿，化石保存在新元古代震旦纪陡山沱期的磷块岩中，最早于1986 年报道了该地层中的大型带刺疑源类。随后以已故的北京大学生物系张昀教授为首的研究者在此展开了深入而广泛的研究。该化石生物群主要包括多细胞藻类、大型带刺疑源类、蓝菌丝状体和球状体、细菌化石及"海绵化石"和"动物胚胎化石"。

在瓮安生物群的研究历史中，1998年是一个十分重要的年份，国际著名的《自然》和《科学》杂志上几乎同时报道了瓮安生物群发现的具三维细胞结构的藻类、动物胚胎化石和具组织结构的海绵动物化石，备受国际学术界的关注。迄今为止，瓮安磷酸盐化生物群中已报道的后生动物实体化石主要包括微小的两侧对称动物化石、具组织结构的海绵动物化石及管状微型化石等三种类型。

另外，瓮安生物群已确认至少有5种不同卵裂方式的动物胚胎化石，其中有一种类似现代两栖动物胚胎的外包型腔原肠胚。依据新的三维立体胚胎化石标本，认为瓮安生物群中不仅有不同卵裂方式的动物胚胎化石，也有多种原肠胚期动物胚胎化石。

由此可见，瓮安生物群是埃迪卡拉系陡山沱组中部的一个由多种单细胞和多细胞藻类、大型带刺疑源类、不同发育阶段的多种后生动物胚胎，以及少量可能的后生动物幼虫和成体化石组成的磷酸盐化微体化石生物群。瓮安生物群展示了寒武纪后生生物大爆发和埃迪卡拉生物群出现之前，早期多细胞生物的生命景观，它的发现为研究早期生命从简单到复杂进化过程提供了重要的化石记录，是研究早期后生动物起源与演化的重要窗口之一。此外，化石的特异埋藏和保存还为我们在细胞水平上进行埋藏学分析研究提供了良好的条件。

二、埃迪卡拉生物群

埃迪卡拉生物群因发现于南澳大利亚埃迪卡拉山前寒武纪晚期的庞德砂岩而得名，是已知最古老的具有复杂体形结构的生物组合，主要生活在距今 5.75 亿年前至 5.39 亿年前的海洋中，是宏体生物演化过程中最为独特的化石生物群。它们为软躯体，化石以印痕或铸型方式保存于碎屑岩中。但近年来在中国三峡地区的碳酸盐灰岩地层中发现了典型的埃迪卡拉生物群，表明这一生物群分布于世界整个海洋中。

埃迪卡拉生物化石形态独特，以盘状、叶状、管状等为特征，其大小不一，从几厘米到超过 1 米不等。关于埃迪卡拉生物的分类归属一直争论很大，多数学者认为它们可能是后生动物的早期代表，是后生动物出现后的第一次适应性辐射，其所采取的与现代大多数动物截然不同的形体结构，是为适应元古宙末期的低氧环境。目前的证据表明，埃迪卡拉生物群的组成十分复杂，不仅包括辐射对称动物基干和冠部类群、两侧对称动物的基部类群，还包含了动物进化中的"失败的实验品"，更包括了其他真核生物的可能代表。

埃迪卡拉生物群（杨定华绘制）

　　埃迪卡拉生物群是后生动物出现后第一次适应性辐射，是地球低氧环境下后生动物大规模占领浅海的首次演化尝试，代表了生命历经漫长演化能量积蓄后在形态功能上的喷发式的创新。它们采取了与现代大多数动物所不同的形体结构变化方式，通过不增加内部结构的复杂性、只改变躯体的基本形态，即以非常薄、呈条带状或薄饼状的机体充分接近外表面，并在没有内部器官的情况下进行呼吸和摄取营养，以适应低氧环境。埃迪卡拉生物群最终灭绝了，被以具硬壳和复杂内部器官的后生动物所取代，但其特殊的外貌形态和保存方式，至今留下了许多难以解答的疑问。

　　自从 1947 年世界范围内开始研究埃迪卡拉生物群以来，我国研究者也一直在国内寻找埃迪卡拉生物群的踪迹。功夫不负有心人，2014 年 3 月，古生物所研究人员在湖北三峡地区发现了典型的埃迪卡拉生物群。由于此前国外发现的相关化石绝大部分都埋藏在砂岩中，保存条件较差，而此次发现的化石埋藏在石灰岩中，因此这次发现意义重大，除了填补空白外，还较好地保存了生物的细节，具有很高的研究价值。

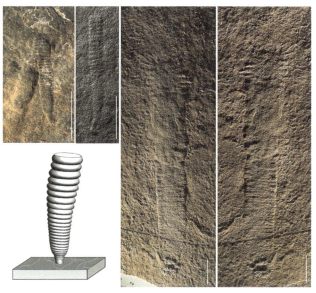

湖北三峡埃迪卡拉生物群

2020 年 7 月，以古生物所主导的早期生命研究团队在青藏高原柴达木盆地全吉山地区首次发现了典型的埃迪卡拉生物化石。这是继湖北三峡地区之后，我国发现的第二个埃迪卡拉生物群化石产地，也是迄今为止在青藏高原发现的最古老的化石生物群。

三、澄江生物群

20 世纪 80 年代，古生物所专家在云南发现了澄江生物群，揭开了"寒武纪大爆发"研究的帷幕。"寒武纪大爆发"是生命科学领域的一个重大科学之谜，被国际学术界称为"十大科学难题之一"。因此，澄江生物群的发现被誉为"20 世纪最惊人的科学发现之一"，为探讨这个科学难题提供了独一无二的珍贵材料。

研究表明，"寒武纪大爆发"是生物史上最重大的演化辐射事件，现代动物多样性的基本框架，即门一级的动物分类，在"寒武纪大爆发"过程中就已基本形成。相关研究成果获得 2003 年国家自然科学奖一等奖。2012 年 7 月 1 日，澄江生物群发现地被正式列入世界遗产名录。

在澄江生物群的发现和研究中，有几个事件值得记忆。1984 年，侯先光在云南澄江县帽天山下寒武统筇竹寺组玉案山段下部发现了一个保存软体、附肢的多门类无脊椎动物化石群。1985 年，张文堂、侯先光在《古生物学报》

上发表了《Naraoia 在亚洲大陆的发现》，揭开了澄江生物群研究的第一幕。1999 年，陈均远等在《自然》杂志发表了"人类的远祖出土——5.2 亿年前鱼状化石揭开了脊椎动物早期历史"重要成果。1996 年以来陈均远等撰写的《澄江生物群——寒武纪大爆发的见证》、1999 年侯先光等撰写的《澄江生物群——5.3 亿年前的海洋动物》、2004 年陈均远撰写的《动物世界的黎明》等著作相继出版。

　　近 40 年来的研究表明，寒武纪生命大爆发是地球历史时期成种作用和生物分异最强烈、高级分类阶元诞生最频繁最集中、功能形态悬殊度最显著、生物结构造型可塑性最强的一次特大型生物演化辐射事件，因而它是地球生命进化史上最壮观的辐射事件。

　　澄江动物化石群是举世罕见、保存完善、研究地球早期生命演化的动物化石宝库。这些动物化石标本中，不仅有大量的海绵动物、刺胞动物、腕足动物、软体动物和节肢动物等原口动物化石，更有棘皮动物、半索动物和脊索动物这些后口动物，以及很多鲜为人知的珍稀动物及形形色色的难以归入已知动物门类的化石。因此，以澄江生物群为代表的寒武纪生命大爆发生动地再现了距今 5.18 亿年前海洋生物世界的真实面貌，将包括脊索动物在内的现生动物门类的最早化石纪录追溯到了寒武纪初期。

澄江生物群生态复原图

　　更令人叫绝的是：澄江生物群大量原位埋藏的软躯体化石组合在揭示以澄江生物群为代表的寒武纪早期海洋生物群落方面具有巨大的潜力。化石动物的软躯体保存极为完整，90%以上还保留了诸如眼睛、附肢、口器、消化道及其中的食物等软组织印痕。其姿态千奇百怪，有站立、爬行、进食、钻孔等，还有大量遗迹化石如粪便、运动痕迹等，为研究寒武纪早期动物大爆发及这个时期动物的解剖构造、功能形态、生活习性、系统演化、生态环境、埋藏条件和保护方式提供了重要的化石依据。这对推动生命起源和进化理论等方面的研究具有非凡的价值。

四、临沂生物群

临沂生物群来自山东省临沂市西郊的寺口剖面，软躯体化石集中产出于寒武系张夏组盘车沟段下部的黑色与黄绿色页岩中。临沂生物群的时代是距今约5.04亿年前寒武纪苗岭世鼓山期的早期，稍晚于加拿大布尔吉斯页岩生物群。在比临沂特异埋藏化石库时代更古老的馒头组上、下页岩段中，研究团队也发现有保存良好的软躯体化石。这表明了此类化石在华北板块东部寒武纪中期地层中的连续分布。

在临沂生物群数千枚精美的化石标本中，发现了超过35个化石类群、至少8个门类和多种生态类型。其中，多样性最高的类群为非三叶虫节肢动物，最引人注目的是奇虾类和莫里森虫类。此外，海绵动物和蠕虫状动物多样性非常显著。显然，临沂生物群极大地丰富了这一时期海洋生物与群落的多样性面貌。

临沂生物群是在该地区细腻的泥岩挖掘中发现的，是一次新突破。与其他经典的布尔吉斯页岩型特异埋藏化石库相类似，临沂生物群大部分软躯体化石多以炭膜形式保存了下来。尤其珍贵的是：软躯体化石多保存了精细的解剖结构，如附肢、眼睛、消化系统和刚毛等，为进一步了解这些生物的解剖结构提供了新信息。

### 五、关岭海生爬行动物群

自 1999 年首次报道在关岭地区发现海生爬行动物以来，由于其丰富和完美的保存，在很短的时间内就为科学界所知，并引起了国内外同行的关注。

贵州关岭地区盛产海生爬行动物化石，不仅种类非常多样，而且个体也非常丰富。例如，鱼龙类、蛇颈龙类、鳍龙类、初龙类、楯齿龙类、海龙类等化石上千件，且化石保存得很好。

鱼龙无疑是最多彩的，黔鱼龙由于其个体小而最为常见，还发现了其含胚胎的母体化石。其次常见类型有古生

"中生代"鱼龙展厅

物馆展示的邓氏贵州鱼龙，长度超过了 5 米，而且保存相当完整。第三种是个体最大和数量最少的梁氏关岭鱼龙。

在关岭海生爬行动物中最引人瞩目的有楯齿龙等。楯齿龙外形像龟，身上也具有骨质甲板，但它不是龟。楯齿龙出现于早、中三叠世，而龟类是在楯齿龙灭绝后才出现的。楯齿龙过去只发现于古特提斯海西部的欧洲、北非地区，现在贵州地区有发现，使得这类奇特的海生爬行动物大大扩大了其生活的范围。

与楯齿龙一样外形奇特的还有恐头龙，它们身体不大，但脖子却非常地长。其中有被称为东方恐头龙的，其身长仅 1 米，但脖子都长达 1.7 米，颈椎多达 25 节以上，比欧洲长颈龙的 12 节颈椎多了一倍多。而且其头小得与身子完全不成比例，令人惊奇不已。所以关岭地区的这一动物群被称为东方恐头龙——混生黔鳄动物群组合。

另外，在世界其他地区往往很少发现的海龙类（thalattosauris）化石在关岭地区则相当丰富，它们几乎和鱼龙类（ichthyosauris）同样多姿多彩。

贵州西南的关岭—仁义一带，从中三叠世开始至晚三叠世早期的 1400 万年间，可以分出 5 个完全不同的爬行动物群组合，这在世界上也极为罕见。即由早至晚分为：中三叠世关岭组的清镇龙—三桥龙动物群组合；东方恐头龙—混生黔鳄动物群组合；杨柳组的"顶效龙"动物群组合；中三叠世最晚期和晚三叠世早期，法郎组的贵州龙—幻龙动物群组合；中国豆齿龙动物群组合。这5个组合笼统称为关岭生物群。

从早三叠世最早期的鱼龙化石，以及西藏、贵州中晚三叠世产有的鱼龙，可以清楚地看出鱼龙是如何从三叠纪最早期的近蜥蜴形逐渐变成鱼形的。

六、热河生物群

1928年，美国地质学家葛利普首先提出了"热河动物群"的名称。1962年，古生物所顾知微院士将辽西热河群岩系中以"东方叶肢介—三尾类蜉蝣—狼鳍鱼"为代表的化石群称为"热河生物群"。其后，古生物所科学家依托热河生物群这一世界罕见的化石宝库，重点开展了生物分类学与古生态、古地理、古气候的综合研究，探索该生物群发生、发展、灭绝与环境之间的关系，以揭示和预测东亚中生代晚期以来环境变化的规律和趋势。相关研究成果获"中国基础研究十大新闻"等荣誉。

热河生物群处于距今1亿多年前的白垩纪早期，分为热河动物群和热河植物群两部分。这里的化石遗存几乎囊括了中生代向新生代过渡的所有生物门类，反映了地球中生代生物更替的关键过程，也是新生代生态体系的摇篮。

目前已经发现了大量古生物化石，涉及植物、昆虫、

"中生代"热河生物群展厅

蜘蛛、鱼类、两栖类、爬行类、原始鸟类和哺乳动物等。数量丰富,保存完美,在辽宁北票四合屯形成了一个世界级的化石宝库,可以与德国始祖鸟产地索伦霍芬媲美。因为它比后者多了早期被子植物和兽类,更接近现代地球上的生态景观,是陆上生物一次新的大爆发。特别是长毛恐龙的发现对鸟类的"恐龙起源"说提供了强有力的保证,一时成为20世纪末全世界科学和新闻媒体关注的焦点。

早期的鸟类,我国热河生物群基本上占据了世界的大半壁江山。从距今1.2亿年到1.35亿年前这段有关早期鸟类的研究,绝大部分的信息来自热河生物群。最近30年

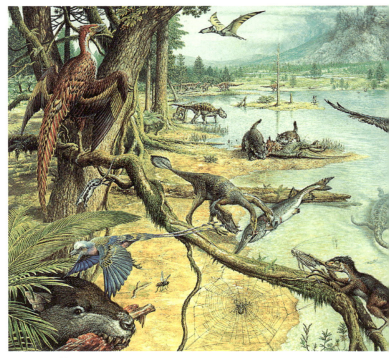

热河生物群复原图

热河生物群发现了很多个体大小不一样的恐龙化石，这些恐龙化石保存得非常完整。而且很多恐龙化石还保存了一些软组织，包括像羽毛、皮肤等，这在其他地方是非常罕见的。

　　热河生物群发现了很多两栖类动物化石，比如青蛙、

蝾螈化石,还有各种各样的蜥蜴化石以及龟鳖类化石。在热河生物群里面还发现了一些鲟鱼类化石。热河生物群有很多无脊椎动物化石,最多的是昆虫化石。热河生物群迄今大概发现了几百种不同类群的昆虫化石,像大家比较熟悉的蜻蜓、蝉、甲虫、跳蚤、蚊子,还有蜂类的化石在热河生物群里也保存得非常完好。

七、山旺生物群

山旺位于山东省临朐县城以东 20 千米处，那里的新生代中新世硅藻土地层薄而细，且层次分明。它们重叠在一起，好像厚厚的书籍，被称为化石"万卷书"。

山旺化石科学研究始于 1935 年，当年古生物学家杨钟健教授在山旺首次发现了植物、昆虫、鱼类等中新世古生物化石，并在次年发表了《山旺地层古生物》一文。此后，美国古生物专家钱耐与中国古植物学专家胡先骕共同在山旺地区进行考察，在美国出版了两人合著的《山旺中新世植物群》一书，从而确立了山旺化石在东亚地区的代表性地位。

山旺是一个珍贵的化石宝库，含丰富的动植物化石，已发现各类生物化石 10 多个门类、600 多属种。其中植物化石包括真菌、苔藓、蕨类、裸子、被子植物及藻类，以枝叶最多，多数保留原有颜色，花、果实和种子也保存得非常完美。

动物化石主要有鸟类、爬行类、两栖类、鱼类和昆虫类等。代表化石有玄武蛙、临朐蟾蜍、中新原螈、中新蛇、鲁钝吻鳄、山旺鸟、山旺蝙蝠、硅藻鼠、孔氏半熊、三角原古鹿、柄杯鹿、犀类等。

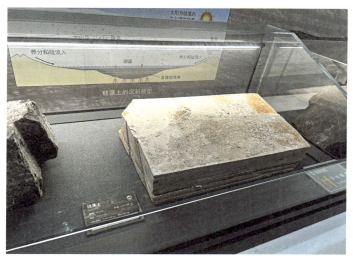

"新生代"展厅硅藻土

　　山旺化石不仅种类繁多，而且保存完好，如树叶的叶脉、鱼类的细刺、蜻蜓的翅膀等都清晰可辨。山旺地层形成于湖泊环境，生物群反映了当时的气候温暖而又湿润，适合生物的生存和繁盛。因此，山旺生物群是研究中国东部新生代以来生物群演化和环境变迁的重要依据。

第四章

————

科普重地

　　科学传播是古生物所的传统，20 世纪 70 年代推出的标本陈列室就对社会不定期开放。21 世纪初，中国科学院进入创新发展阶段，古生物所与时俱进，将科学传播确立为该所三大定位之一。

　　古生物博物馆拥有丰富的馆藏品、广博的自然科学教育内容、形式多样的探索体验活动，能够丰富社会各界人士，尤其是青少年的知识结构，补充和拓展学校的科学课程内容，增强科学教师的教学实践，提高青少年的动手实践能力和创新精神。因此，博物馆通过自身的优势和特长，在很大程度上起到了辅助学校做好科学教育的作用。

## 第一节　科教优势

　　一部世界博物馆史就是科学教育的发展历史。科学教育始于博物馆收藏到展览的角色变化。当藏品变成展品展出时，博物馆便具有了社会教育属性。在博物馆成为近代自然科学研究中心的过程中，藏品科学研究不断加强，被辅以科学含义的展品就起到了社会科学教育的作用。随着时代的进步，博物馆走向社会，走进社区和学校，将科学种子洒向社会和大众，成为学校青少年科学教育的源泉。

2023年5月，教育部等十八部门发布了关于加强新时代中小学科学教育工作的意见，在社会上引起了很大反响。现在，在教育"双减"中做好科学教育加法成为国家对青少年教育的要求。在用好社会大课堂方面，博物馆科学教育被赋予了特殊使命，展现了多方面优势，承担着重要职责。

### 一、学科优势

21世纪以来，我国新建各类博物馆数量剧增，展览内容涵盖社会人文学科（美术类、非遗类、考古遗址类、综合类）、自然科学（科技类、自然历史类），构成了博物馆传播知识的多元体系。每个博物馆都有自身依托的学科专业，为开展科学传播，建设了内容丰富且各具特色的展览，满足了青少年等不同年龄和不同层次人群对科学知识和精神文化的需求。

古生物学是探究自然奥秘和地球生命起源和演化的学科，主要通过化石实证演绎与地球环境密切相关的生命进化史。它提供给公众的是一个真实的地球生命史，这决定了古生物学有着特殊意义。古生物学的许多内容，如恐龙、三叶虫等为公众尤其是青少年朋友所熟悉和了解，成为众

多小朋友开启了解地球生命奥秘的窗口。因此，古生物学
为培养青少年对自然和生命的好奇和兴趣，激发他们探究
自然和生命的热情有着巨大的作用。

古生物学作为一门自然科学，正在不断添加人类知识
库的知识，这些知识对提升公众科学素养必不可少。同时，
在人类意识到走可持续发展道路重要性的时代，古生物学
所提供的地球生物多样性历史演变的依据，将大大增加公
众爱护地球、保护地球生物多样性的自觉性和能动性。古
生物学揭示的是一个真实的地球和生命演化的历史，对于
公众认识地球，了解自然和生命，树立正确的自然观、历
史观和人生观具有极为重要的意义。


## 二、专家优势

现代博物馆一般都有一支专家队伍，尤其是专业博物
馆，如中国科学院所属博物馆，背靠所隶属的研究所，既
拥有从院士到一线科研岗位的专家，也有立志于科学传播
的两栖型专家人才；因此，在开展科学传播上有着独特的
专家优势和社会影响力。

中国科学院南京地质古生物研究所是世界三大古生物
学研究中心之一，在国内外享有崇高的学术地位，拥有一
大批杰出的古生物专家，是古生物博物馆对外开展科学传
播的强有力的支撑力量。特别是中国科学院院士，更是不

可多得的宝贵资源。

　　周志炎院士、戎嘉余院士、陈旭院士和沈树忠院士都十分关心博物馆的科学传播,热心支持博物馆的科普活动。他们不仅亲临讲堂,为公众讲解古生物科普知识,而且亲力亲为编著科普图书。

　　以院士领衔的科普团队,还包括一批善于举办科普讲座、撰写科普图书,热心于科普活动的一线研究员乃至博士、硕士研究生。他们成了古生物博物馆对外进行科普宣传的重要成员,为古生物博物馆科普事业的发展起到了很大的作用。

古生物所专家带领亲子家庭进行野外考察

没有科学家参与的科学普及或将是肤浅的和不可持续的，没有科学家参与的展品解读也将是缺乏高度和深度的；而拥有科学家团队正是南京古生物博物馆的优势所在。古生物博物馆在对外科学传播中，积极引导和鼓励古生物所的专家学者参与其中，搭建了一座与社会连接的桥梁。

在博物馆开展的化石鉴赏、野外考察、科普讲座、高端论坛、科普图书编著等活动中，都可以看到古生物所专家的身影。另外，博物馆每一期科普特展都邀请专家审核和把关，并在对外展出时，由专家直面媒体和公众进行解读。古生物学家参与博物馆的科普活动，大大提升了博物馆科普宣传的效果，也使古生物所的成果和贡献为社会大众所了解，提高了古生物学在社会上的价值和在人们心中的地位。

### 三、展品和藏品优势

博物馆立于社会的基础是拥有大量的展品和藏品。展品和藏品不仅是行业地位和影响的标志，而且是持续开展科学传播的基础。展品是博物馆展览的关键元素，是解读科学故事的出发点。同时，让藏品走出库房，向公众开放，也成为博物馆满足社会各界人士和青少年好奇心、拓展眼界的重要举措。

古生物所标本馆收藏有百万件藏品，不仅支撑着博物

琳琅满目的化石

馆展览展陈，也为博物馆举办科学临时展览、开展科学教育活动提供了有力支撑。

四、多维传播手段

古生物所构建了一个以南京古生物博物馆、科普杂志《生物进化》和科普网站"化石网"为一体的科学传播平台，为普及古生物科学知识、提高社会民众素质夯实了基础。现在这三大平台统一归入古生物所科学传播中心。

1.《生物进化》杂志

科普刊物《生物进化》创刊于 2007 年，为季刊，全彩色印刷，公开发行。该刊物的宗旨是关注 38 亿年以来的生命历史和生物进化这一人类关心的永恒主题，让公众科学地认识和了解地球生命漫长的进化历程，加强人们对地球和生物进化中发生事件的危机感和应对能力，保护生态环境，促进人类和谐、长久、健康地发展。主要刊登生物类群的起源、化石和奇石的收藏与鉴赏，以及有关学术研究机构和博物馆的介绍。

2. 化石网站

科普网站"化石网"创立于 2004 年，由中国科学院南京地质古生物研究所和中国古生物学会共同主办，是一个以古生物科普为主，兼顾普及多学科自然科学知识的非营利性专业科普网站。2008 年年底顺利改版，并得到了中国科学院科学传播办公室、国家自然科学基金委员会 NSFC 的资助。作为中国最大的科普网站，化石网一直致力于交互学习、知识推送、社群建设和专家指导等现代科学传播实践，已成为一个公众了解古生物研究进展、学习生物进化知识和多学科自然科学知识的网络平台。2009 年更代表中国电子科学类网站荣获联合国"世界信息社会高峰会议大奖"。

## 第二节　教学活动

博物馆科学教育活动是以博物馆研究、展览及相关资源为基础的社会服务形式。它是博物馆活力的体现，立足社会的使命要求，是贯穿于博物馆发展过程中的不可缺少的义务。

一、高端科普讲座

古生物馆落成后，有一系列值得纪念的日子和社会高度关注的热点相继到来，如达尔文诞辰纪念日、四川汶川大地震引发的公众对自然灾害的关注等。邀请权威专家解读，为公众答疑解惑，成为古生物馆迫切需要开展的重要活动。

1. 院士科普讲座

在江苏省科学技术协会的支持下，古生物博物馆成功举办了多期院士高端科普论坛，如"达尔文与进化论""地球的过去与今天""地球与人类"和"活动的地球"等。

2009 年 11 月 24 日上午，为纪念达尔文 200 周年诞辰和达尔文科学巨著《物种起源》发表 150 周年，博物馆举办了主题为"达尔文与进化论"高端院士科普论坛。国际著名海洋地质学家、同济大学汪品先院士，古生物学家、中国科学院南京地质古生物研究所戎嘉余院士和分子生物学家、复旦大学钟扬教授应邀分别做了"达尔文与海洋""生物宏演化——来自化石的证据"和"分子进化理论的建立与发展"三个精彩的演讲。他们从不同的学科领域出发讲述了生命进化的故事，让听众领略了现代科学新发现带来的地球演变与生命进化的全新认识，追述了远古地球生命起源与演化的漫长历史，感悟了达尔文进化论的精髓所在。

2010 年 9 月 18 日上午，高端科普论坛"地球环境的过去与今天"在南京古生物博物馆隆重举行。此次论坛邀请了中国地震局地球物理研究所所长、地球物理学家陈运泰院士，中国气象局气候变化特别顾问、气候学家丁一汇院士和古生物学家、中国科学院南京地质古生物研究所陈旭院士等分别从地震、气候和地质历史环境变化的不同角度讲述了地球环境的过去与今天。三位专家的演讲为大家带来了最新的科学知识，展现了地球环境演变的历史和现代地球环境变化的恢宏景象，体现出人类正在为改善地球环境而付出的智慧和努力。

2012 年 5 月 17 日上午，在南京古生物博物馆多功能报告厅举办了以"地球与人类"为主题的高端科普论坛。论坛特邀了中国科学院南京土壤研究所赵其国院士、中国科学院南京地质古生物研究所周志炎院士和中国科学院地质与地球物理研究所滕吉文院士，分别为听众解读了地球生态与环境，并从地球生物与环境的演化历史、地球板块演变与自然环境变迁的角度，阐释了人类可持续发展所要关注的信息。

2015 年 4 月 29 日下午，"活动的地球"高端科普论

汪品先院士做报告

院士接受听众提问

金振民院士做报告

坛在南京古生物博物馆多功能报告厅举行。论坛特邀中国地质大学（武汉）金振民院士和中国科学院广州地球化学研究所所长徐义刚院士做了高端科普报告。火山和地震是一对孪生兄弟，它们的分布规律非常相近。虽然火山活动在我国不如地震那样受到公众的关注，但一直是科学界孜孜以求的热点科学问题。金院士和徐院士的报告为公众勾勒出地震与火山两大地球活动事件的壮丽景象，加深了公众对地球内部活动的认识，为提高公众对地球自然灾害事件和资源利用以及环境保护的认识都有重要的教育意义。

2. 达尔文大讲堂

2016 年，由古生物所科普部与国家地层古生物学重点实验室联合推出了"达尔文大讲堂"，这是由一线古生物学家担当的系列科普讲堂，旨在向公众传播古生物研究的最新发现和最新进展。

"达尔文大讲堂"第一讲正值 2016 年全国科普周和中科院公众科学开放日，在南京古生物博物馆多功能报告厅隆重举行。现场十分火爆，来自人民中学、长江路小学和青云巷小学的学生团队、亲子团队及南京市民约 300 余人坐满了报告厅，担当主讲的是现代古生物学和地层学国家重点实验室主任袁训来研究员，他为大家奉献了一场精彩的科普报告"神秘的生命起源"。

袁训来从地球历史中的生命、生命起源和地外生命探

袁训来研究员做报告

索三方面，图文并茂地讲述了生命起源的故事。袁训来一开场便用他写的一首诗，诠释了生命起源和演化，吸引了全场听众的眼球，用一个个有趣的故事展示了人类探索生命起源的种种努力和不屈精神，最后又用生动的语言表达了当今人类与远古生命的关系，告诫大家要珍惜自己的生命、珍惜地球上的所有生命。

之后，"达尔文大讲堂"每年在古生物馆举行，成为古生物馆对外科学传播的品牌项目，深受大众欢迎，被媒体广泛报道。像"寒武纪大爆发""生物大灭绝事件——是祸还是福""恐龙时代的空中霸主——翼龙是如何飞翔的？""征程：从鱼到人""花的起源"等都为前来聆听的市民留下了深刻印象。

二、特色科普活动

科普活动是博物馆的活力所在，古生物馆科普活动一直充满活力，具有鲜明的专业特色。一方面充分利用博物馆展览和科普创作积淀的科学内容，开展形式多样的科普活动。另一方面走向郊野、走进大山，将实践活动安排在野外，进行地层考察和化石采集；并在不断的实践过程中，完善和提升博物馆的科普活动。

1. 化石鉴赏

民间不乏化石爱好者，他们对化石的爱好情有独钟，所收藏的化石良莠不齐，且缺乏对化石类别的鉴别，也对化石收藏必须符合国家化石保护相关规则不甚了解，或是一知半解。但他们都渴望了解化石的知识，希望所收藏的化石得到正确的鉴定。

为了满足社会上化石爱好者的需求，帮助他们对化石有正确的认知，提高对化石保护的意识，古生物馆在每年的国际博物馆日都会推出化石鉴赏活动，邀请所内有关专家，包括古动物专家和古植物专家，为化石爱好者提供化石鉴赏。这些专家有的奋战在一线科研岗位，有着丰富的野外工作经验；有的是业已退休，但在化石鉴定上有着深厚的造诣。

因此，每当化石鉴赏活动开展之际，来自天南海北的化石爱好者纷纷拿着他们的宝贝——化石，或坐火车，或

化石鉴赏会

坐飞机，汇聚到古生物馆。男女老少都有，他们都有一个愿望：请教古生物专家为他们鉴宝。几条长桌摆满了各种各样的大小化石，每位专家面前总是人头攒动、水泄不通。

新闻媒体对每年的鉴赏活动兴趣有加，长枪短炮赶来采访报道。媒体界朋友甚至当起中介，推荐不少化石爱好者加入进来，送宝上门，参加化石鉴赏活动。

化石鉴赏活动受到了社会的关注、化石爱好者的欢迎，取得了良好的社会效应。

2. 奇妙夜

古生物"奇妙夜"是 2015 年新推出的科普活动，是率先在江苏推出的又一项深受孩子及家长欢迎的活动。"奇妙夜"活动旨在利用晚间特殊的博物馆氛围，通过一系列有特色的科普活动项目，比如参观展览、寻找古生物宝物、观看古生物影片、制作远古动物模型、与恐龙相伴共眠、制作三明治地层早餐等，让亲子家庭感受不一样的博物馆之旅的体验。

当孩子和家长自己动手搭建五颜六色的小帐篷，依次分布在博物馆大厅和过道，与远古生物相伴，大人小孩都难掩兴奋和新奇，博物馆夜晚特有的氛围让每一位身临其境的参与者都留下了深刻印象。当黎明来临，他们在品尝

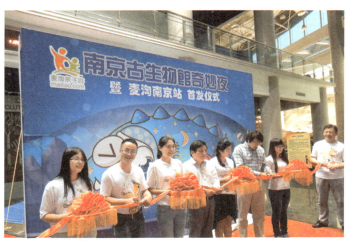

博物馆"奇妙夜"开展仪式

自己制作的三明治早餐后，带着知识与体验、美丽与记忆，结束了有趣而难忘的"奇妙夜"活动。

3. 化石修理

"达尔文实验站"于 2015 年 5 月在南京古生物博物馆正式建成，旨在激发孩子对古生物的兴趣，了解古生物化石修复技巧和过程。

化石赋存在岩石中，往往只露出于围岩一角。所以古生物学家想得到完整化石，必须用物理和化学方式处理掉化石的围岩部分。

"达尔文实验站"占地 15 平方米，拥有专业的化石清理仪器，可容纳 20 名孩子参加体验活动，亲自用工具修理化石。他们先听老师课程，了解化石的基本知识和清理化石的方式，然后穿上白大褂，拿起修理工具，借助显微镜，像科学家那样，专心致志地将包裹化石的围岩一点点除去。

化石修理活动培养了孩子们集中精力、专心工作和动手能力，体验了化石修理的乐趣，了解了古生物学家的工作。当孩子们完成他们的杰作，将化石修理完毕，都有了一种成就感。

4. 模型制作

古生物博物馆开发了手工制作系列活动，利用油泥等材料，在专家指导下，捏出立体古动物模型，帮助小学生

小朋友正在修复化石

制作小动物

了解恐龙等动物的身体结构和相关知识，使同学们学到了知识，初步掌握了制作技巧。

南京古生物博物馆开设了泥小谭作坊，就如何绘制恐龙等古生物图，列出详细的教画步骤，形成了泥小谭教画古生物复原图之窃蛋龙、泥小谭教画古生物复原图之单脊龙、泥小谭教画古生物复原图之沱江龙。后来泥小谭作坊的老师又采用 3D 笔，指导小学生观察化石，学习古生物知识；分解结构，认识恐龙骨骼；自己用笔画出每块骨骼；组装完整的恐龙，做成立体的恐龙化石模型。学生们获得了满满的成就感。

5. 寻找化石之旅

"寻找化石之旅"科学冬（夏）令营，是以化石采集、包装、修复、鉴定和鉴赏为内容而开展的综合性科普活动。通过营员们模拟古生物学家的工作方式，宣传科学家的工作精神，从而起到传播和弘扬科学思想和精神的作用。在活动中，充分挖掘博物馆的各项功能，利用博物馆的各种设施，如主题展厅、3D 影院、报告厅、互动展区，集成博物馆各项特色活动，如互动区古生物游乐、远古动物的模型制作、知识问答、科普讲座等。并将活动延伸到馆外，进行野外考察、化石采集和参观活动等。"寻找化石之旅"科学营被纳入了中国科协青少年科技中心科普教育活动调研的重点推荐项目，获得了赞誉，引起了广泛的关注。

在南京东郊寻找化石

6. 探秘雨花石之旅

雨花石是一种天然玛瑙石，也称文石、观赏石及幸运石。雨花石是典型的河流沉积作用形成的砾石，赋存在距今 258 万—2300 万年的新近纪雨花台组砂砾层中。雨花石从矿物组成上来说，可以分为矿物质雨花石、岩石质雨花石和化石雨花石。

南京雨花石闻名天下，主要产于南京市六合区及仪征市月塘镇一带。社会上雨花石收藏者众多。到雨花石产地考察、采集，了解雨花石的形成原因，观察雨花石赋存的地层与岩石状况，对于广大市民和孩子有着极大的吸引力。

多年来，古生物馆多次组织探秘雨花石之旅的活动，去六合等地的雨花石产地，探秘雨花石背后的密码。除了观赏美丽的雨花石、了解雨花石的美学价值，还能够了解雨花石的地质时代，及它对岩浆活动、造山运动和长江演化等的意义。

7. 绘画大赛

以"奥妙的地球与奇特的生命"绘画与征文大赛为龙头，将绘画培训、现场绘画、绘画展览和绘画图册编制以及颁奖大会等结合起来，以点带面，形成系列活动，实现博物馆与参与者的互动和交流。绘画与征文大赛已连续举办了 10 多年，近年来成为南京市科协和玄武区科协科技

古生物馆青少年优秀绘画作品展示

活动的重点科普项目，这项公益性的科普活动在社会上产生了持续良好的反响。获得一等奖的作品被《生物进化》杂志发表，近年来还刊登在著名的《科学大众》杂志上，所有一、二、三等奖作品在古生物博物馆展览大厅展示一年。博物馆不仅为获奖小画家颁奖，还馈赠精美的纪念品或科普图书以及一本汇集了一、二、三等奖的绘画作品集。

8. 暑期科普营

每当学校寒暑假，也是博物馆最为忙碌的时间段，恐龙探秘营、昆虫探秘营、化石探秘营等活动会相继推出。博物馆各个活动区，包括"达尔文实验站"、课堂课件、"奇妙夜"等也十分活跃。

总之，南京古生物博物馆在开展科普活动时，注重利用新媒体平台进行科普宣传。在微信公众号、微博、小红书、抖音等社交媒体平台上，定期发布关于古生物科普知识、科学科普活动等图文和视频内容，与公众进行互动交流。此外，博物馆还开设了线上 VR 展厅、科普云课堂、展区导览等项目，打破时间和空间的限制，让更多人参与到科普学习中。古生物博物馆充分利用新媒体资源，拓宽科普传播渠道，提高科普宣传的覆盖面和时效性。

夏令营活动

### 三、学习科学家精神

科学家精神是科技工作者在长期科学研究及实践中积累的宝贵精神财富。科学家严谨治学的求实精神，淡泊名利、潜心研究的奉献精神，一直在古生物所几代科学家中代代相传。

李四光是古生物所第一任所长，也是我国老一辈科学家的典型代表，他为我国地层古生物学的发展、油气勘探和第四纪冰川研究等方面做出了杰出贡献。李四光精神代表了科学家精神，古生物所为此专门开设了"李四光科学家精神展"，同时开放了李四光办公室原址。这个展览被

李四光办公室

国家首批命名为"科学家精神基地"。

　　李四光科学家精神展和李四光办公室原址成为古生物所包括古生物博物馆在内的对外开展科学教育重要组成部分。自对外开放以来，社会各界和大中小学生纷至沓来，参观和学习李四光科学家精神，成为古生物所联通社会、宣传和光大古生物科学家精神的又一重要基地和窗口。

　　四、科学教育课程研发
　　许多科普活动都是依据科普课程开展的。科学教育课程研发一直是古生物馆的一项重要任务，旨在通过系列古生物课程将古生物知识传授给青少年朋友。在博物馆发展的不同阶段，科学教育课程研发各具特色。博物馆早期开发的科技课件包括生物进化历程课件系列、趣味古生物课件系列、恐龙知识课件系列、古生物知识基础篇课件、古生物知识应用篇课件、古生物与艺术制作课件、板块漂移与生物演化课件。这些课件注重知识传授，多以图表形式表达、启发式提问，给予学生想象空间，同时辅以小游戏、小制作和绘画等形式。

由博物馆馆员和在读研究生参与开发的科普课件，不仅在馆内科学教育中得到应用，而且在北京东路小学、青云巷小学和岱山实验小学等学校也受到了欢迎。博物馆新馆改造后，科普课程开发得到进一步拓展，课程更趋多元化，推出新的科普课程和研学课程，每周在博物馆公众号上发布。

这些课程一方面围绕古生物主题，开发了系列课程课件，如"远古的遗珍""飞上蓝天的翼龙""古熊如梦""化石里的兔子家谱""寒武纪海洋争霸赛""一代卷王——菊石的智慧""伪装大师——竹节虫""远古霸主——地狱水族馆"。另一方面也在生物学及相关学科领域开拓了系列课程课件，如"植物握握手""种子大作战——一粒种子萌发的力量真的能撬动巨石吗""蚂蚁王国""有趣的生命之旅——科学养蚕日记""盐田里的小精灵""两栖端午（登陆大作战）""寄居蟹换房记""朝贝夕拾——闪闪发光的天然盲盒""晶莹剔透的宝石"等。

古生物馆科普课程还基于4W概念进行设计，开发出针对5岁至12岁孩子设计的趣味科学课。内容涵盖从古生物到现代生物、从天文到地理、从植物到动物、从古代发明到现代科技，让参与者能够身临其境地感受"天地生"的特点。课程形式多以动手实验为主，通过趣味性、创新性课程，培养孩子的科学思维、动手能力、合作能力，在互动和体验中加深对知识的理解。

研学课程用于野外考察，将野外实践与课程学习结合起来。已经开发有"化石小猎人——辽西特辑""豫西寻踪记——文物＋化石双考古之旅""龙醒三叠——贵州古生物探索之旅""踏山寻石——寻找那闻名遐迩的奇石""飞羽寻踪——寻找林间的小精灵"等。

## 第三节　文创新路

文创作为文化事业的重要组成部分，近年来在博物馆行业获得蓬勃发展。文创不仅是博物馆科学传播和科学教育的重要支撑，而且在突出学科专业特色、推动科普事业发展上起到了越来越大的作用。

## 一、深厚背景

随着我国越来越重视基础科学研究，古生物研究也焕发出勃勃生机，成果不断涌现，影响享誉海内外。

化石世界的精彩纷呈，得益于古生物新发现、新成果的大量涌现。尤其在中国发现的贵州"瓮安生物群"、云南"澄江生物群"、贵州"关岭生物群"、辽西"热河生物群"和甘肃"和政动物群"等，为建立一部真实的地球生命演化史提供了关键素材，使中国古生物学研究走在了世界前列。这些突破性进展和产生的新知识，不仅扩展和丰富了人类的知识库，而且提升了人类对于自然和生命的认知高度。其作用和影响甚至超越了学科本身，在科学发现和人类社会进步上显示出特殊的重要性。

有意义的是，这些重大成果常常占据世界知名媒体的重要版面，在国际著名的《自然》和《科学》杂志上频频亮相，甚至成为社会公众追捧的热点新闻。例如，中、加、美等国科学家首次在琥珀中发现了立体保存的恐龙骨骼和羽毛，即刻轰动世界，成为世界排名前列的新闻之一。因此，不断涌现的古生物新发现和新知识为古生物科普创作带来了源源不断的科学素材。

公众关注度不断提升。化石无处不在，不仅能在郊外山区发现化石，而且在许多建筑材料，甚至马路人行道铺设的石块上也常有化石发现。对化石发生兴趣的不仅是古

南京德基广场菊石化石    石材上的腕足类化石

生物学家，还有大批青少年、化石业余爱好者和化石收藏家。这些人群可以形成一个知识共享、资源共享的大群体，而自然博物馆、科普书籍和杂志、化石网站等已成为这个大群体的互动平台，提升了公众对古生物化石的关注度。近 20 年来如雨后春笋般涌现出的民间古生物博物馆，也为古生物科普创作赢得了广泛而持续的市场环境。

科普大环境不断改善。发展科普教育事业是国家战略发展的需要，符合公众日益增长的文化需求，引起了党和国家的高度关注。习近平总书记在全国科技创新大会、两院院士大会、中国科协第九次全国代表大会上的讲话中指出，科技创新、科学普及是实现创新发展的两翼，要把科学普及放在与科技创新同等重要的位置。全面建设小康社会，实现中华民族伟大复兴，必须大力提高公民科学素质。因此，整个社会正在营造出越来越浓厚的科普创作的氛围，科普创作正迎来历史上最好的发展时期。

新技术手段不断出新。现代科学技术为科学传播事业发展提供了强大动力。基于互联网、无线通信网、有线电视网、卫星直投网等传播渠道，以电脑、电视、手机、电子书等手持阅读终端为接收载体，已经成为科学传播的重要途径。全新的数字出版形态极大地丰富了古生物文创作品的形式和手段，成为推动科普创作展翅飞翔的强大动力。因此，文创研发必须适应新媒体的传播手段与特点，在创作模式、创作内容等诸多方面进行不断创新。在此大背景下，古生物文创作品也应适应新媒体给文创研发带来的变化，跟上时代发展的脚步，充分利用好移动互联网平台，使古生物科普在崭新的互联网平台上发挥巨大的社会效益，成为社会科普大创作平台上的佼佼者。

二、创新理念

创新古生物文创产品，其理念应该立足于古生物学科的特点，因为古生物学是一门充满活力，不断有新发现、产生新成果的学科。同时要充分意识到古生物学是一门有益于大众建立正确三观的学科。

古生物文创产品的研发是为了消除大众心里可能存在

的古生物所高深莫测的壁垒，让科学亲近大众，让大众走进科学。因此，开发文创产品就是要搭建起一座桥梁，将金字塔上的科研成果转化成为大众所喜闻乐见的科普产品的桥梁。同时，开发文创产品也丰富了科学传播的手段和形式，成为推动科普教育可持续发展的助推器。随着国家对文化事业的日益重视，文创产品已成为我国文化产业发展举足轻重的一部分，展现了非常美好的发展前景。

当今世界，现代计算机技术和与之相配的新媒体和交互技术正在不断地为博物馆提供新颖的展教手段，VR技术和AR技术等最新产品为博物馆的展览展示和展教活动带来了前所未有的新体验和新感知。因此，古生物博物馆应顺势而上，努力成为新技术快速应用的场所。让展品活起来，用新技术、新展示和新体验，向公众呈现一个全新的现代古生物博物馆。

古生物学是一门古老的学科，但新发现新成果层出不穷，对现代社会人们的自然认知和人生观起着越来越重要的作用。因此，古生物科普产品不能停留在旧有的知识层次，必须与时俱进，吸收最新的科研成果，反映时代的进步。古生物科普产品工艺也不能局限于传统的大众化水平，在保持学科特色的同时，需要通过最新的科技手段实现创新研发。

研发古生物科普产品，是为了让化石和展品活起来，流行于公众的日常生活中，为提高公众科学素养和社会经济发展服务。科普产品是科学、技术与艺术的结晶，为博物馆展示形式的更新换代、展教宣传的丰富多样提供了新手段和新形式。

为此，古生物博物馆秉承将最新的科研成果通过最新的科技手段开发形成新颖的科普产品的宗旨，面向三个开发方向，创新性地研发了一系列有学科特色和高新技术含量的科普产品，在博物馆对外开放中发挥了积极作用，进一步提升了博物馆的展教水平和社会影响。

### 三、夯实基础

古生物文创产品研发的可持续性需要源源不断的科普内容支撑。南京古生物博物馆充分利用中国科学院南京地质古生物研究所的学科专业优势，发挥博物馆、化石网和《生物进化》杂志三位一体传播架构，及时掌握现代古生物学的发展成就，通过推出临时科学展览、编著科普图书、制作影视作品，不断生产古生物科普宣传的产品，不断夯实科学传播的土壤，为古生物文创产品的研发积累厚重的基础。

几年来，古生物博物馆推出了 20 多个原创的科普临展，既有反映古生物学科重要进展的新成果，也有展示生命进化的重大事件和重要知识内容，还有反映与社会热点相关的古生物知识内容。展览展示荣获了省、市文广部门颁发的优秀展览奖。

古生物博物馆还积极构建由老、中、青古生物专家组成的项目策划、采编、设计和实施的团队，挖掘、整理并编著了一系列古生物学最新成果的科学素材，适应信息时代"内容为王"的要求。目前已经发表了《探索远古生命》丛书、《生命悸动》丛书等数十部科普作品，在《化石》《生物进化》《地球》《环球》《知识就是力量》等20多种杂志和《科普时报》《江苏科技报》《文汇报》等报刊发表了数百篇科普文章。正是这些科普素材的不断积累，为微视频、微科普、互动产品和网络科普产品的研发奠定了科学基础。

在国家自然科学基金、中国科学院科普基金、中国科协科普基金和中国古生物化石基金会基金的大力支持下，古生物博物馆联手高校科研院所及社会影视公司的新技术制作团体形成产学研合作，研发了一系列科普项目，使博物馆科普产品开发年年有新品推出，呈现出良好的发展趋势。

四、科普创作

近年来，古生物所科普创作大放异彩、硕果累累，在国家级优秀科普作品评选中屡获嘉奖。《远古的悸动——

生命起源与进化》荣获 2014 年国家科技进步二等奖，它与《进化史诗 16 讲》《渐行渐远的南极大陆》《十万个为什么（第 6 版）》《童话古生物丛书》等科普图书获得了 2013—2023 年期间的全国优秀科普作品称号。《进化史诗 16 讲》和《远古的葱茏——古植物王国》入选"中国好书"的月榜单。《进化史诗 16 讲》还成为首批"新发现·科普书单"终评入选书，《远古的灾难——生物大灭绝》获中国科普作家协会优秀作品银奖等。《奇妙的古生物世界——古生物化石科普知识百问》和《46 亿岁的地球·漫长的前寒武纪》被列入教育部课程教材研究所公布的 2023 年全国中小学图书馆（室）推荐书目。

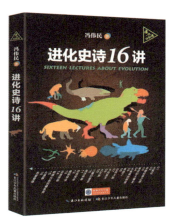
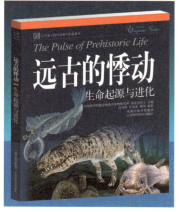

### 1. 科学性与时效性

古生物馆这些科普作品充分展示了古生物学的最新知识和最新成果，很好诠释了生命进化的含义和精髓，生动讲述了地球过去曾经发生的生命起源、演化、辐射和灭绝等一个个精彩的故事，为传播古生物知识和生物进化理论、弘扬古生物学家探索自然和生命进化奥秘的精神、激发广大青少年对科学和自然的兴趣、提高公众科学素养以及在全社会树立正确的自然观和人生观发挥了重要作用。

当今古生物新发现和新成果源源不断，为古生物科普创作带来了丰富的素材。古生物科普创作也源于化石这一古生物研究的载体所体现出来的各种"角色"及美学价值，由此激发了古生物学家的创作灵感，他们文思泉涌，为公众奉献出了一本本科普佳作。因此，与时俱进的古生物科普创作已成为我国科普创作百花园里的重要成员，并呈现出良好的发展前景。

### 2. 主题与形式

目前古生物博物馆出版的古生物科普图书有多个主题，包括：进化史主题，如《远古的悸动——生命起源与进化》（周志炎，冯伟民等，2010）、《进化史诗16讲》（冯伟民，2022）、《46亿岁的地球：漫长的前寒武纪》（冯伟民，2021）、《46亿岁的地球：生物多样的古生代》（冯伟民，2022）等；生物群主题，如《生命曾如此辉煌》

（冯伟民，2020）、《恐龙化石密码》（冯伟民、傅强，2018）、《奇妙的澄江动物群》（冯伟民，2018）、《远古的葱茏——古植物王国》（周志炎、傅强、许汉奎，2018）等；进化事件主题，如《远古的灾难——生物大灭绝》（戎嘉余、许汉奎、冯伟民等，2014）、《远古的辉煌——生物大辐射》（戎嘉余、冯伟民等，2016）等；地质事件与生物进化主题，如《生命之舟——漂移的板块》（冯伟民，2024）等；基础知识类主题，如《远古的密码——解读化石》（冯伟民、叶法丞，2018）、《奇妙的古生物世界——古生物化石科普知识百问》（冯伟民，2020）等；还有杂文类，如《生物进化传奇》（冯伟民，2019）。

科普图书编排形式也是多种多样，例如，图文版的如《远古的悸动——生命起源与进化》（周志炎、冯伟民等，2010）、《进化史诗16讲》（冯伟民，2022）、《越界之诫——生物安全的敬告》（冯伟民，2021）。图绘版的如《生命的悸动》系列，包括《恐龙化石密码》（冯伟民、傅强，2020）、《生命曾如此辉煌》（冯伟民，2020）、《与人类同行的动物》（冯伟民，2020）、《三叠纪海洋霸主》（傅强、冯伟民，2018）等；游戏结合版的如《它们来自远古》（冯伟民，2020）；与AI结合的图书，如《奇妙的澄江生物群》（冯伟民，2020）。绘本版的如《石头里的秘密》（冯伟民，2024）。翻译

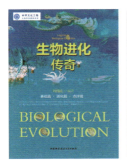

版的如《生命起源》（冯伟民，2023）。

## 五、产品研发

文创的活力在于流行起来。让化石展现生命力，让展品灵动活起来，让生命进化思想流行于社会，是社会演进和时代进步赋予博物馆的社会责任和教育使命。

研发具有原创性、知识性、科学性兼具趣味性和艺术性的古生物科普产品，就是要挖掘化石的科学性和美学含义，通过富有灵动感和趣味感的展示形式，融入今天人们的生活中。使人们在闲暇之日，进入博物馆，沉浸于地球和生命的知识海洋，潜移默化地提升科学素养和对地球演变与生命进化的认知。

现在，古生物博物馆研发的科普产品已成为对外展教宣传的有力工具，成为吸引大众尤其是青少年朋友踊跃参观博物馆的崭新亮点。同时，通过研发科普产品，培养和锻炼了一支研发团队，搭建起联动社会资源的合作桥梁。

### 1. 研发方向

古生物博物馆在科普产品研发过程中确立了三个研发方向：第一，面向场馆的互动科普产品，是为了增加博物馆展示亮点，改变自然类专业博物馆展陈历来颇为严谨以至于略显呆板的形式，体现互动性和趣味性，以吸引游客来参观和体验；第二，面向公众的文化创意产品，是为了丰富博物馆科普小商品类别，以便参观者购买时有更多的选择，将博物馆知识带回家；第三，面向虚拟世界的网络科普产品，将博物馆科普知识通过互联网快捷、即时地传播到千家万户。为此，博物馆近年来创新性地研发了一系列具有学科特色和高新技术含量的科普产品，在博物馆对外开放中发挥了积极作用，进一步提升了博物馆的展教水平和社会影响。

南京古生物博物馆先后获得了"澄江生物群虚拟水族馆""扬子区早寒武世软体动物辐射和多样性变化""澄江生物群三维立体科普图书及其音像化""基于博物馆展

荣获江苏省科协颁发的科普产品研发基地

示和 web 环境下的澄江生物群混合现实技术"四项国家自然科学基金,为博物馆提升展教设施、可持续发展提供了经费支撑,并且在科普产品研发上获得了中国科协、江苏省科协和南京市科技局、南京市科协以及江苏凤凰出版传媒集团数十项科普基金和出版基金的支持,为博物馆科普事业的发展增添了动力,使博物馆迅速成为南京乃至江苏都有重要影响的科普教育基地。古生物馆在科普产品研发上的成果赢得了江苏省科协的表彰,2013 年被授予首批江苏省科普产品研发基地。

2. 互动科普产品

澄江生物群是寒武纪生命大爆发的窗口,被誉为 20 世纪最惊人的科学发现之一,曾荣获 2003 年国家自然科学奖一等奖。因此,澄江生物群是古生物博物馆重点展示

大型"奇幻涂鸦"互动屏幕

"寒武纪乐园"

的内容。过去数年来连续研发了以澄江生物群为主题的几项大型互动体验系统，如大型数字互动弧幕"寒武纪乐园""澄江生物群多点触摸"互动系统、"澄江生物群混合现实"互动系统和澄江生物群"奇幻涂鸦"互动系统。

大型数字互动弧幕"寒武纪乐园"综合运用数字化多媒体技术、图像处理、影像合成等高科技手段，通过对奇虾等 30 余种澄江生物群化石的保存状态、形态特征、生活习性、行为方式和生态景观的虚拟复原，在 9 米宽的弧幕上生动再现了以澄江生物群为代表的寒武纪早期的海洋生物面貌。游客置身于远古海洋，与海洋动物交织在一起。通过人与动物的互动，让游客充满趣味地感受寒武纪生命大爆发时代的海洋动物景象。

"澄江生物群大型多点触摸"人机交互系统长 4 米、宽 1.5 米。它采用多点触控技术、投影技术、计算机图形、光电成像、融合显示、多传感器、图像处理、计算机音效等技术以及硬件设备，构成了能使 10 个人同时在台面上进行人机交互操作。

"澄江生物群混合现实"互动系统利用 AR 技术，通过几张卡片，让屏幕中的 20 个代表性的澄江生物群的虚拟动物栩栩如生并颇具震撼力地呈现在现实场景前。在卡片的移动下，这些海洋动物忽而震撼出现、忽而诡秘消失，并出现奇虾吃瓦普塔虾、微网虫爬上水母随波漂移、怪诞

观众在澄江生物群大型多点触摸桌上体验

虫戏侮先光海葵、三叶虫追逐微网虫等生态场景。

　　这些互动系统的成功推出，突破了古生物博物馆展览没有大型互动体验展项的困局，更新了博物馆展示形式，提升了博物馆展教水平，也增加了博物馆展览的知识性、趣味性、体验性和互动性，为博物馆的展览展示增添了新的活力和生机，深受广大游客特别是青少年的欢迎。

### 3. 文化创意产品

古生物学研究地球 38 亿年生命史，涉及地质历史中不同阶段的各种各样的生命现象。其知识内容之丰富、跨越地质历史之久远、衔接不同学科知识之广泛，是其他学科所难以比拟的。这为古生物博物馆研发文化创意产品提供了极大的创作空间。为此，古生物博物馆开发了多方面的古生物文化创意产品，如编著系列科普图书、制作 3D 微视频和古生物宣传片、设计古生物模型和化石工艺品、开发智能手机智慧导览、地图语音导览、微信语音导览和印刷宣传手册。

博物馆 2012 年开发了地图语音导览，通过一张导览图和一支语音笔，就能成为游客参观博物馆展览的好伴侣。博物馆自主研发了微视频电影《地球诞生与早期地球环境》《青藏高原隆起》。前者荣获 2014 年中国科技部科普周动漫与微视频大赛优秀作品，独占鳌头。后者荣获了 2016 年中科院南京分院微视频大赛优秀作品，荣获第一。另外，还为中国科技馆 3D 电影《生命起源与进化》提供科学素材、剧本撰写和科学指导。2016 年 5 月，该片通过了国家新闻出版广电总局电影局的审核，公开放映。

改造后的古生物馆在文创产品上获得了进一步发展，特别是在联合社会文创团队合作开发方面卓有成效。琳琅满目的文创商品柜台，不断推出的古生物文创产品，为古生物馆开展科学传播活动提供了品相优质、种类多样的文创产品。

4. 网络科普产品

网络科普是新时期科学传播的重要特征，日新月异的计算机技术催生了越来越多的网络科普产品。其作用和影响日渐彰显，特别是移动互联网的广泛应用，使越来越多的人利用手机终端采集日趋碎片化的知识信息。为此，博物馆建立了官网、中国科技馆二级子站网站、微信平台和新浪博客。

2013 年，博物馆新网站全新推出，在网站版面的色彩、艺术性上较原有的大为改观。同时使页面或内容的打开具有不同形式的动感和趣味性，集成了虚拟博物馆、360 度全景式博物馆、视频博物馆、浮动式化石显现、看图听故事、书页式自动展开等多种展示形式。

2014 年又自主开发了基于微信平台的南京古生物博物馆公共服务号，公众只要在网络的环境下，就可以随时了解博物馆的资讯和科普活动。同时与技术合作方开发了智能手机智慧导览系统，不仅有语音，而且配有文字和精美的图片。手机智慧导览做到了无缝对接、自然过渡，语音讲解随时切换的智慧程度。它在博物馆的科学传播中发挥了极大的作用，将进一步增强博物馆的功能和社会效益。

2023 年，博物馆在重新布展后，再次推出全新立体

三维立体无死角全景式展示

导航网站，向社会展示了一个美轮美奂的全新博物馆。你只要点击进入古生物博物馆，就可以 360 度无死角游览博物馆的各个展区，感受知识的丰富、多彩如殿堂般的展厅。

## 第五章

社会服务

　　博物馆对外开放，迎来八方来客，就必然承担起社会职责。除了经营好博物馆，履行博物馆开放服务，同时要打开博物馆围墙，走向社会，进入学校、进入社区。联合社会各界传播力量，开展社会科学教育，将博物馆知识融入大众生活之中。

## 第一节　资源融合

　　服务社会不是博物馆单枪匹马闯社会，更不是热脸去贴冷面孔，而是要善于联合社会各方面资源，共同打造社会大教育的环境。

### 一、馆馆合作

　　21世纪以来，我国博物馆事业蒸蒸日上，国有博物馆、民间博物馆、行业博物馆等如雨后春笋般涌现出来，在我国文化界形成了一道亮丽的风景。在国家实施科教战略、大力培育科技人才和全面提高全民科学素养的发展中，越来越彰显出重要意义。

自贡恐龙博物馆（自贡恐龙博物馆提供）

　　古生物馆也是在此大潮中涌现出来的新型博物馆，它以古生物为特色，以弘扬生物进化思想为己任，在博物馆界树立了自己的形象和品牌。古生物馆不断加强与兄弟博物馆的合作，如中国古动物馆、自贡恐龙博物馆、国家海洋博物馆、贵州省地质博物馆、新疆自然博物馆、湖南省地质博物馆、山西省地质博物馆、河南省地质博物馆、内蒙古自然博物馆、重庆自然博物馆、中国地质大学逸夫博物馆、内蒙古巴彦淖尔地质博物馆、浙江省地质博物馆、重庆市自然资源科普馆等。

　　馆馆合作内容广泛，包括科普活动、科学临展、专家讲座、化石鉴定、科普图书、科普学术交流等。2017 年，南京古生物博物馆与浙江自然博物馆合作举办了"恐龙蛋

恐龙蛋特展

的魅力"特展。2023 年，南京古生物博物馆参加了国家自然博物馆"远古热河"特展等。

二、馆企合作

随着国家高度重视文化事业的建设，吸引了越来越多的社会资源参与到科学传播中来。古生物馆通过合作吸引了一批拥有专业特色的影视公司、多媒体交互产品制作公司和文创布展公司，以及高校艺术专业、旅游公司、生态实验中心等。

"南古·天目联合文创产业发展中心"于 2020 年成立，

"龙鸟争艳"展

由中国科学院南京地质古生物研究所和天目地学（三亚）实业发展有限公司共同组建，双方致力于共同开发古生物科研和科普资源、促进地质古生物科学研究成果的科学传播和文创产业化发展。

三、馆媒合作

科学传播离不开社会媒体的支持和宣传。古生物馆除了利用和建设好自身的微信公众号、微博等，还积极建立与纸媒、多媒体新闻机构、电视台和广播电台的关系。博物馆推出的重大科普活动、重要科普讲座、新书推出等都与新闻媒体有过愉快且有效的合作。这为古生物馆不断走向社会、古生物学知识推向大众和古生物学科越来越为广大公众所了解和认识发挥了重要作用。

博物馆还积极投稿杂志和科普报纸以及多媒体公共号，在《科普时报》《江苏科技报》《科学大院》和《化石》杂志、《地球》杂志等开设科普专栏，利用各种媒体报道和宣传古生物学最新成果和进展。

## 第二节　馆校合作

让学生走进博物馆，同时让博物馆优质资源延伸到学校。馆校合作，双向交流，形成良性互动，共同推动青少年科学教育。这是时代赋予我们的职责，也是教育改革精神的体现。

走入学校是博物馆参与社会大教育的重要方向，科学教育是联结博物馆与学校的最好纽带。只有两者形成良好互动，科学教育上的彼此融合，才能使博物馆科学教育有更大的发展空间和社会意义，才能使学校在科学教育上得到完善，更加卓有成效。

南京古生物博物馆发挥古生物学科专业知识，将"探究式学习"的教育理念融入场馆科学教育项目中。例如，他们结合学校科学课程内容，重点开发和培育了一批基于科普场馆展品资源与科学课程标准相结合的特色化和多样化的科学教育项目。

## 一、走进学校

博物馆科学教育资源引入学校，是对学校科学教育的很好补充，是博物馆与学校科学教育资源的融合与合作。

1. 与学校特色活动相结合

北京东路小学长期以来一直是古生物博物馆的合作单位，是古生物博物馆推出科普课程教学重点定点学校，多年前双方就科学教育签署了合作协议，至今科学教育一直在持续开展中。

古生物博物馆多年来不断组织馆员和在读研究生开发系列古生物科学课程，将古生物动物明星、重要生物群、演化事件编入科学课程，将讲课、互动和手工制作结合起来，形成生动有趣、体验性强的教学内容。

博物馆曾进北京东路小学每周一课，向达尔文学院的小学员讲述远古时代的生命，配以手工制作、互动交流等形式，很受师生们的欢迎和赞誉。

2. 将科学教育展览送进学校

岱山实验小学是一所新型的现代化学校，一应俱全的设施让学校的教育功能得到了充分利用。面积不小于200平方米的展厅，承接了来自南京几家博物馆的临展。古生物馆的生物进化史展览和南京博物院文博临展都先后进入

古生物课件进小学

学校，为学校的师生提供了课本上学不到的知识，扩大了同学们的眼界。

学校也及时针对展览内容，在博物馆专家的指导下，将展览科学内容改编成生物进化科学课本，成为学校开展科学课程的重要知识来源。

3. 将科普讲座送进学校

科普报告进校园是最常见的科学教育形式，也为学校师生所欢迎。博物馆通常拥有学科背景，具备系统的学科知识储备，拥有丰富的专家资源，可以为学校提供优质的

科普报告

科普报告。过去若干年来，博物馆走进了百多所学校，开展科学讲座。

4.帮助学校建立科学博物馆

青云巷小学利用征集到的古生物化石，配备了一些现代化的仪器设备，建立了少儿古生物探究馆。为了使探究馆发挥更好的作用，聘用了古生物博物馆的专家。古生物馆不仅提供了专家资源，还为博物馆科学内容的选用和知识的正确性给予了指导。

另外，博物馆还为高淳青少年活动中心、南京市岱山实验小学等举办生物进化展览，指导南京市中华中学和南京市青云巷小学举办古生物展览等，这些活动已成为学校科普教育的内容和科学课程开发的基础。

5. 培养科技辅导员

培训一批善于利用科普场馆资源开展基础性、拓展型、研究型教学的学校教师。培养一批主动学习、敢于实践创新、富有科学精神的青少年，形成一套科普场馆与学校间可复制推广的馆校合作模式，也是博物馆科学教育与学校融合与合作的重要工作。

二、走进博物馆

博物馆拥有成熟且系统的科学知识，又有声光电展览展示配套设施和系统。因此，博物馆既是科学殿堂，也是艺术殿堂。学生走进博物馆既能使馆内科普资源功能实现最大化，也能使学生得到更加系统和多样化的教育服务。

1. 有组织地走入博物馆

博物馆科学教育进入学校是博物馆科学教育活动的重要形式。同时，博物馆也热忱欢迎学校有组织地引导师生走入博物馆，参观内容丰富且美观、又有互动体验的展览。观看和触摸博物馆展品，感受亿万年历史的沧海桑田，或人类社会发展的历史。

博物馆除了主题展览外，还有成套系统的科学小课程、动手模拟或制作的项目，有可以参与互动的设备，以及古生物馆具有的修复化石等活动。

现在除了学校组织参观博物馆，还有大批涌现出来的社会文创团队或公司，对组织青少年参观博物馆非常积极和热心。

2. 鼓励学生自觉走入博物馆

要鼓励学生自觉利用节假日，在家长的带领下前往博物馆参观。学生能够自主去博物馆参观，往往是学生主观能动性的表现，是发自内心需要学习博物馆知识的一种态度。博物馆和学校应该鼓励学生的这种求知行为。

当社会营造出公民自觉走进博物馆的风气和氛围，当青少年学生是走进博物馆的积极参与者，我们的社会所需要的热爱科学、崇尚科学之气氛将会越来越浓厚，国家的未来就有伟大的前景。令人可喜的是：现在有越来越多的青少年走入博物馆，成为博物馆参观人流中十分醒目的一支力量。

当然，要让孩子愿意走进博物馆、喜爱博物馆，关键是要激发孩子的兴趣。这就要从孩子的认知出发，针对孩子的需求开发展览、互动展项、体验空间等平台。为孩子开发设计量身定做的课程，拉近孩子与博物馆之间的距离，使孩子能够从更多元的角度去感受博物馆的魅力，进而为孩子走进博物馆创造更多机会。

到博物馆接受教育是一个循序渐进的过程，无论孩

金陵中学学生参观古生物馆

子还是家长都要有正确的认识，要将参观博物馆作为一种习惯来培养。经常带着孩子走进博物馆，要将每次参观作为培养基础素养、学习能力、情感塑造的契机。对孩子而言，参观博物馆最重要的并不是要记住多少知识，而是要学会如何去发现和思考，提升找到知识、学习和理解知识的本领。

### 三、走入社区

南京古生物博物馆积极推动科普教育走进社区，与周边社区建立紧密的合作关系，开展针对不同年龄段和群体的科普课程。这些课程不仅包括天文地理、生物自然、科学探究，还涵盖了人文历史等多个领域，为社区居民提供了多元化的学习选择。此外，博物馆还为社区提供特别展览、科普讲座、社会征集等文化活动的支持，实现科普教育与社区发展的良性互动。

随着中国经济的发展，百姓对精神与文化上的追求不断提升，越来越多来自各地的人走进了博物馆。博物馆应该考虑到观众的需求，增强互动，让观众在互动中更愉悦地去感悟博物馆文化、学到知识。

## 第三节　社会联动

古生物馆是一个科学传播的平台、服务社会科普的纽带、打造社会大教育的推动者。在社会服务中，古生物馆利用专业知识、特色服务和专家力量努力践行科普宣传的职责，为提高全民科学素养贡献一份力量。

### 一、助力场馆建设

在 21 世纪博物馆建设如火如荼的热潮中，古生物展览建设是自然博物馆中不可或缺的内容。尤其是最近二三十年来，我国古生物学研究发展十分迅猛，在许多领域都有了重大发现和进展，为人类认知地球演变和生物进化做出了非常重要的贡献。因此，有大量的新发现、新成果、新理论可以运用到博物馆展览中来。

南京古生物博物馆依托中国科学院南京地质古生物研究所，拥有学科上的优势、专业人才优势和科研成果优势。近年来创作了大量科普图书，可以为古生物博物馆参与和指导政府主办的自然博物馆、行业地质博物馆和民间古生物馆的建设，特别是地质古生物知识内容的支撑发挥重要作用。

南京直立人化石遗址博物馆是南京汤山方山国家地质公园配套项目，也是汤山旅游度假区建设的一个重要的人文历史景点，主要展览展示南京汤山四大地质元素：南京猿人、南京地层、南京地质历史、南京汤山温泉。

南京直立人化石遗址博物馆从开题立项、筹建、方案设计、科学大纲编写、推荐专家、组建科学团队、布展施工科学把关、展览展陈验收等，古生物博物馆都承担了重要而关键的角色，为圆满完成博物馆建设做出了应尽的努力和贡献。

2022 年启动的国家自然博物馆的布展建设，其前期是布展科学内容大纲的编制，以南京古生物博物馆为主主持的国家自然博物馆新馆展陈学术文本编制项目，获得了验收通过。

博物馆还积极参与了天津自然博物馆、上海自然博物馆和国家海洋博物馆等数十个科普场馆的建设项目，为推

南京直立人化石遗址博物馆

动我国的博物馆建设做出了应有的贡献。

二、推动社会科普事业

博物馆的科普事业必须面向社会，结合社会资源和公共平台，使之成为全社会科普网络中的有机一环，形成与社会活动相联动、与社会需求相匹配、与社会发展相呼应的良好关系。

古生物馆通过开展各项科普活动，将古生物所丰富的科研成果源源不断地传播到社会和公众中去，使越来越多的专家学者参与博物馆组织开展的科普讲座、化石鉴赏等科普活动，通过直面公众，传授古生物化石知识和生物进化知识。让科学家走出象牙塔、走向社会、走进公众成为古生物博物馆面向社会开展科普活动的重要使命。社会公众尤其是广大青少年通过古生物博物馆这一平台，每年都能与科学家相接触，感受到科学家的人格魅力，科学家带给他们知识和智慧的收获和快乐。

古生物馆科教活动受到了各类媒体的广泛报道，极大地扩大了博物馆的社会影响，迅速成为有重要影响力的科普基地。古生物博物馆连续 10 年荣获江苏省全民科学素质行动计划纲要实施先进集体。近年来，古生物博物馆连续多年获得省科协扩大开放扶持基金的支持，并在年度绩效考核中荣获优秀。另外，博物馆还在科普展教项目、科普作品、科普展览、科普活动和科普产品荣获了上百个各类荣誉和奖项。这也为推动地方科普事业的发展起到了积极作用，为提升社会公众尤其是广大青少年的科学素养做出了应有的贡献。

古生物馆承担了许多社会责任。它一直负责和主持中国古生物学会科普工作委员会，组织和举办了历年全国地质古生物科普研讨会，积极推动了全国地质古生物博物馆事业的发展。它主持的南京科普教育基地应用协会，连续 10 年推出南京科普教育基地发展论坛，成为南京科协一

古生物馆主持的全国地质古生物科普研讨会

项品牌科普项目；组织南京市科普场馆编撰《科学趣问消消乐》套书，成功打造了一张靓丽的科普名片。

古生物馆科普成效显著，社会影响力提升，也推动了古生物馆进一步走向社会。古生物馆曾是中国科普作家协会副理事长单位，现在是中国古生物学会科普工作委员会主任单位、江苏省科普作家协会副理事长单位、江苏省科普场馆协会副理事长单位、江苏省地质学会副理事长单位、南京科普教育基地应用协会理事长单位、南京青少年科技

大型科普图书《科学趣问消消乐》

教育协会副理事长单位、南京科普创作联合体轮值理事长单位，彰显了博物馆在行业和社会上的地位和影响。

　　南京古生物博物馆是南京、江苏乃至全国科普家园里一朵鲜艳的花朵，在中国科学院、各级科协和科技局以及社会各界的关怀和支持下，不忘初心，秉承历代科学家精神，正在迸发出更多的活力，以更大的热情、更强的创新力，立足于科学传播事业，为社会文化事业发展、国民科学素养的提升，努力奋进，不断攀登新的高峰。

　　宁静的古生物所大院，有一批默默耕耘的古生物学家，他们研究化石、探究地球演变、揭秘生命进化，为丰富人类知识库添砖加瓦。处在这片古生物研究热土中的古生物

古生物所大院

馆，常常热闹非凡，活跃着一批有情怀、有爱心的科普工作者，同样也在尽心尽力地向大众普及古生物知识。他们与科研人员相得益彰、比翼双飞，将生命进化之光洒向社会、惠及大众。

# 后　记

　　《南京古生物博物馆》是符号江苏·口袋本系列丛书中一本。从接受邀约到出版，不足一年，堪称我创作生涯中最富效率的杰作。这很大原因是书中所叙内容大都是自己所熟悉的专业，或经历过的事情。不能说是信手拈来，倒也是文思泉涌，写起来行云流水，一气呵成。

　　《南京古生物博物馆》由历史底蕴、展馆纵览、生命故事、科普重地和社会服务五大部分组成。与其说是介绍古生物馆，倒不如说是踏着展览的节奏在叙述宏大的地球生命史，伴着古生物馆的成长史在表达作者对博物馆科学教育、文创开发、资源融合和社会服务等的思考、认识和实践，更有一份对植根于浓厚研究土壤中成长起来的古生物馆的情怀和期许。

　　所以，这本融研究所史、古生物馆演绎史和地球生命史及作者亲历与感悟的作品，可以成为博物馆同仁的参考和伴侣，感兴趣读者的选择和收藏。

　　感谢古生物所和专家以及博物馆朋友对书中一些图片的馈赠与支持！